U0505916

法国哲学研究丛书

学术译丛

Être et Avoir

Gabriel Marcel

是与有

形上日记（第二卷）

[法] 加布里埃尔·马赛尔————著

陆达诚————译

上海人民出版社

"法国哲学研究丛书"
编委会

──── 主 编 ────

莫伟民

──── 副主编 ────

杨大春 于奇智

──── 编委会成员 ────

（按拼音字母顺序排列）

芭芭拉·卡森（Barbara Cassin）　　崔伟锋　邓　刚　方向红　关群德
黄　作　贾江鸿　姜宇辉　克洛德·安贝尔（Claude Imbert）　刘　哲
陆　扬　孟彦文　莫伟民　施　璇　屠友祥　汪　炜　王春明　王　恒
王礼平　王亚娟　吴珊珊　谢　晶　徐　晟　杨大春　于力平　于奇智
张莉莉　张尧均　张逸婧　赵　灿　赵　伟　朱　刚　朱玲玲

总序
哲学经典翻译是一项艰巨的学术事业

  法国哲学是世界文化遗产的重要组成部分，法国哲学经典是令人叹为观止的思想宝藏，法国哲学家是一座座高高耸立的思想丰碑。笛卡尔的我思哲学、卢梭的社会契约论、孟德斯鸠的三权分立学说、托克维尔的民主学说、孔德的实证主义、柏格森的生命哲学、巴什拉的科学认识论、萨特的存在主义、梅洛-庞蒂的知觉现象学、列维-斯特劳斯的结构主义、拉康的精神分析、阿尔都塞的马克思主义、福柯的知识—权力分析、德里达的解构主义、德勒兹的欲望机器理论、利奥塔的后现代主义、鲍德里亚的符号政治经济学、利科的自身解释学、亨利的生命现象学、马里翁的给予现象学、巴迪欧的事件存在论……充满变革创新和勃勃生机的法国哲学影响了一代又一代人，为人类贡献了丰富多彩、灵动雅致的精神食粮，以其思想影响的广泛和深远而成为世界哲学文化的重要组成部分。

西方哲学经典，对哲学家而言，是要加以批判超越的对象；对哲学工作者而言，是要像信徒捧读《圣经》那样加以信奉的宝典；对普通读者来说，则多少是难解之谜。而如果没有了翻译转换，那所有这一切就无从谈起。

自从明朝末年至今，西方思想在中国的传播已走过了大约四个世纪的历程，中西思想文化的交融渗透推动一个多元、开放和进取的精神世界不断向前发展。显而易见，传播者无论是外国传教士还是国人知识分子，都不同程度地遇到了不同语言文化思想如何转换的棘手难题。要在有着不同概念系统和概念化路径的两种哲学语言之间进行翻译转换并非易事。法国哲学经典的汉语翻译和传播当然也不例外。太多的实例已充分证明了这一点。

绝大多数哲学文本的重要概念和术语的含义往往并不单一、并不一目了然。西文概念往往是一词多义（多种含义兼而有之），而任何翻译转换（尤其是中文翻译）往往都只能表达出其中一义，而隐去甚至丢失了其他含义，我们所能做的就是尽可能选取一种较为接近原意、最能表达原意的译法。

如果学界现在还一味热衷于纠缠某个西文语词该翻译成何词而争论不休，则只会导致人们各执一端，只见树木不见森林，浪费各种资源（版面、时间、精力、口舌、笔墨）。多年前，哲学界关于"to be"究竟该翻译成"存在"还是"是"、"Dasein"究竟应该翻译成"亲在"还是"定在"甚或"此在"而众说纷纭，着实热闹过一阵子，至今也无定论。我想只要是圈内专业人士，当看到古希腊哲学的"to be"、康德的"diskursiv"、海德格尔的"Dasein"、萨特的"facticité"、福柯的"discipline"、德里达的"supplément"、利科的"soi-même"等西文语词时，无论谁选择了哪种译法，都不难想到这个语词的完整意义，都不难心领神会地理解该词的"多义性"。若圈内人士都有此境界，则纠结于某个西文语词究竟该怎样翻译，也就没有多大必要了。当然，由于译者的学术素养、学术态度而导致的望文生义、断章取义、天马行空般的译法肯定是不可取的。

哲学经典的翻译不仅需要娴熟的外语翻译技能和高超的语言表达能力，还必须具备扎实的专业知识、宽广的知识视野和深厚的文化底蕴。翻译的重要前提之一，就是译者对文本的理解，这种理解不仅涉及语句的字面意义，还关系到上下文的语境，更是离不开哲学史和相关政治经济社会和宗教文化等的知识和实践。译者对文本的理解其实包含一个诠释过程。诠释不足和诠释过度都是翻译的大忌。可是，翻译转换过程中却又难以避免信息的丢失和信息的添加。值得提醒的是：可读性并不等于准确性。哲学经典翻译应追求"信、达、雅"的境界，但这应该只是一个遥远的梦想。我们完全可以说哲学经典翻译是一项艰苦的学术活动。

不过，从译者个体来讲，总会存在程度不一的学识盲点、语言瓶颈、理解不准，因而难免在翻译转换时会词不达意甚至事与愿违，会出错，会有纰漏。虽说错误难免，但负责任的译者应该尽量做到少出错、不出大错。而从读者个体来讲，在保有批判态度的同时，最好也能有一个宽容的态度，不仅是对译者，也是对自己。因为难以理解的句子和文本，有可能是原作者的本意（难解），有可能是译者的错意（误解），有可能是读者的无意（不解）。第一种情况暗藏原作者的幽幽深意，第二种情况体现出译者的怅然无奈，第三种情况见证了读者的有限功底。学术经典传承应该是学术共同体的集体事业：写、译、读这三者构成了此项事业成败的三个关键环节。

"差异""生成""创新""活力"和"灵动"铸就了几个世纪法国哲学的辉煌！我们欣慰地看到愈来愈多的青年才俊壮大了我国法国哲学研究和翻译的学术队伍。他们正用经典吹响思想的号角，热烈追求自己的学术梦想。我们有理由确信我国的法国哲学和西方哲学研究会更上一层楼。

拥抱经典！我们希望本译丛能为法国哲学文化的传承和研究尽到绵薄之力。

莫伟民

2018 年 5 月 29 日写于光华楼

目录

法文新版序

帕尔兰·薇雅 [①]

马赛尔的哲学是"存有化"[或译"存在性"（existentielle）]哲学，而不是"存在主义"哲学（existentialiste）。马赛尔数次明确地表明他反对人家给他的"基督存在主义"标签。这标签原是萨特在《存在主义是一种人道主义》（1952 年）一文中首先提出的。此标签在 1947 年被吉尔森（E. Gilson）用作他编的《基督存在主义》一书的书名。马赛尔反对被称为"存在主义"者，因为他不同意与主张"存在先于本质"的萨特并列。马赛尔认为：

> 本质是永恒的，用基督信仰的话来说：本质是被天主照明的"在思考中的思想"[pensées pensantes，参《临在与不死》（*Présence et immortalité*, p.70, 190）（编按：此为法文版

---

① 帕尔兰·薇雅（Jeanne Parain-Vial, 1912—2009），法国哲学家，勃艮第大学名誉教授，马赛尔早期学生。

页码，下文所引书皆同，除非标明为中文版者）；《存有的奥秘》(*Le mystère de l'être*, I, p.210, II, p.206; *Pour une sagesse tragique*, p.10; *La dignité humaine*, p.18)〕。他甚至拒绝用"基督徒"的称号，因为"我不愿意被标签为基督徒，我只是在勉力使我能成之"(*Gabriel Marcel, Colloque de la Bibliothèque Nationale*, p.318)。

马赛尔认为"存有化"哲学是从人性经验的平面开始反省的哲学。它一面思考人性的阴暗面，如恶、痛苦、死亡，也探讨人性的光明面，如喜乐、美感、爱等。如此，从苏格拉底开始，一切重要的哲学都有"存有化"的特色。马赛尔寻找的人类存在的意义，询问的是给人类存在以坚韧性的"存有"。他称哲学是"使人认识存在及自我理解的一种方式"(*Du refus à l'invocation*, p.25)。

马赛尔年幼时已经历过存在的悲剧（四岁丧母）。做孤儿的苦恼解释了他向姨母（他父亲的第二任妻子，也即他的继母）提出的这个问题："人死后到哪里去了？"身为不可知论者的姨母答说："关于这个问题，我们是完全无知的。"七岁的马赛尔说："我将来一定要找到答案。"(*Entretiens autour de Gabriel Marcel*, 1976, p.24)

他对大自然、音乐和人类的热爱，使他揣测有另一个世界的存在。在《人性尊严》(*Dignité humaine*, p.39) 一书中，关于音乐，他说："音乐是有第二世界存在的不可置疑的证据，我觉得在可见的世界中分散的及未完成之物都会在那个世界中得到完成。"

这双重的经验多少可以解释为何他需要哲学反省，因为他的父亲和继母坚持的不可知论在他周遭建立了一个"干枯的氛围"，它必会对"与他们生活在其中的荒凉世界相联的价值体系"产生出强烈的反抗（*Du refus à l'invocation*, p.330）。但我们必须记得他对理性的正直要求是有所坚持的：他不会把他人的信仰看成是迷信，特别是他的好友杜博斯（Charles du Bos）和他未来的妻舅亨利·毕洛（Henri Boegner）。这就是为何他为他的博士论文选择"宗教之可理解性的形上基础"作为题目。这位年轻的哲学家（二十岁时考取中学哲学教师的资格）强烈反对巴黎大学哲学系以实证主义和新唯心主义为主流。相反，他非常喜欢去法兰西学院听柏格森的课，并深受后者的影响，虽然他对柏格森在《创造进化论》一书中把科学和形上学综合的企图采取保留的态度。

之后他也回到柏格森的思想中去寻找有关"当下"（immédiat）的洞见。他相当乐意地接受柏格森的绵延、感知、临在（没有遗忘亡者之临在）、信德、爱的见解。他虽未涉猎过胡塞尔的作品，但他像胡塞尔一样寻找一个"前谓词化"（anté-prédicatif）之现象。这种思考使他逐渐把"存有"界定为"互为主体"，为体认在爱中有的"纯粹的主体际性"（*Homo Viator*, p.13）和完美的人际关系，而最终建立"一种与'吾思'形上学对立的'我们是'形上学"[《存有的奥秘》（*Le mystère de l'être*），II, p.12]。顺此而行，他终于靠近了基督信仰的边缘。1929年他领受了天主教的洗礼。他的教父是诺贝尔文学奖得主莫里亚克（François Mauriac）。

知识论都认为：无论是普通的或精密的认知都以"当下认知"（connaissance immédiate）为预设，即使我们对马赛尔推行的第二反省了解得不甚清楚。（第二反省是反省"构成我们的知识的第一反省”及重现“生活于客体世界”之人的运作方式。）

感觉，被视为客体给一个被动的主体传递的信息，普通人都这样想，大部分科学家亦然。后来科学界用波动或光子的发射取代了流溢（émanation）说，这并不很重要，原则没有变：感知是客体传递一个讯息而被意识接获者。这种解释假设世界是由两种客体组成的，一种是物质的，另一种是有意识的人。如此简化的两分法其实是极有问题的，物质或其能量如何能在精神性的意识上作用，以及为何生理的振动能够被翻译成意识性的“质”的表象？我们知道：任何翻译都会假设一个懂得两种语言的译者。而我们从未有过一个生理的振动被我们的大脑翻译成意识语言的意识（或被另一个什么官能翻译）；再说，我们只有一个文本，即感觉。我们在考虑的生理振动是在他物上发生的（譬如说在自己的鼓膜上，在神经元上等）效果，就像把它们看成是视觉给予我们的“像”一样；它不像“纯生理振动”给予感官那样被给予我们。“当我们考虑生理事件本身就像它是感觉的底基时，它本质上不是也不能被视为它是为感觉翻译的意识。”（*Du refus à l'invocation*, pp.37—38）“……感觉应当是当下参与我们惯称为主体及与之无真实边界可分的环境中去”[《形上日记》（*Journal Métaphysique*, p.322）]。

感受（当它很专注时，意义更为清楚）是一个超越主客对立的行为。它还给我们通过感觉可以领会到的非感觉一面的启示，譬如通过连续和高低的乐音听到旋律，通过音节和字眼了解语句，再借语句掌握意义，通过手势和目光了解别人的心思，马赛尔说："有一种强有力及隐秘的观念叫我确信：如果他者不存在，我自己也不再存在。"（译按：参中文版《临在与不死》，台北：心

4

灵工坊 2021 年版，第 35 页）。我们可以得出结论说：“存在，对一个意识来说，或许不是与我，而是与别人的关系”[《形上日记》（*Journal Métaphysique*, p.235）]。

马赛尔的方法（第二反省）旨在寻获支持实存的习惯性表象，即“生活过的当下”（immédiat vécu）。这个表象是由第一反省构成的，它是由我们在专注的情况下为构成知识所作的抽象及概括行为所产生的。可惜的是我们对这些知识的关注常非常有限并且是断断续续的。这些表象，自婴儿期开始已把由个人经验所得或从别人那学到的，为生存不可或缺的信息累积在一起，以它们为起点，才能发展出严密的及可以求证的科学。

支持普通表象的当下经验一旦有了意识，就排除对实体展露的二元论。它让马赛尔发现及揭露这种表象的危险性。这种表象虽在日常生活中不可或缺，但因着它，客体化的魔掌就会接踵而来。所谓“客体化”，是指把实存考虑成一大堆的客体，每个客体具有已规定的性质；它同时亦把人看成客体，虽然他们的性质与物质的客体明显不同。

马赛尔从反省之初，就竭力反对把人客体化，而这正是工业文化要强制人接受的命运。1933 年他在一个先见性的演讲中，抗议把人同化成一束功能（生命的、社会的⋯⋯）。在功能称霸的一个世界中，“睡眠也变成功能之一，把它完成之后，才能做其他功能。同理，休闲和娱乐也是功能”。连“性”也被视为对生理和心理极为重要的功能之一。（译按：参马赛尔论文《存有奥秘之立场和具体进路》，收录于陆达诚著：《存有的光环》，台北：心灵工坊 2020 年版，第 289—325 页）。在这样的一个世界中，“死亡，从客观及功能化的观点看，是掉入垃圾堆内的废物”，这

5

种观点是注定要陷人于失望的诱饵。马赛尔在战后再次反省人们应该使用及忍受各种科技操纵着的世界（参 *Les Hommes contre l'humain*）。在人身上，马赛尔诊断由于世界之"空泛"（le vide），人被激发出强烈的"存有的需求"，这主要是因为人是被客体化的，沦为功能大集团之一员，苟活在难以忍受的非人的情景中。对此，马赛尔大声疾呼："存有是必须有的，因为一切事物决不可能化约为一连串互不相关的表象的游戏……或者，借用莎翁的句子：（化约成）一个由白痴讲述的故事……"（《存有奥秘之立场和具体进路》，第 294 页）

在一个已客体化的世界中，我们无法见到人与人如何真实的交流。就像在笛卡尔的哲学中"延展性的实体"与"思想实体"无法交流一样。马赛尔认为为了解释交流和知识的"奥秘"，形上学家应当记得必须要回到"当下经验"，以此来说明"意识是无法分开自我意识及对他物的意识"的信念。马赛尔赞同胡塞尔的这个公式。当他对此观点有所领悟时，他采用自己的话说："互为主体的联结"是本体论的绝对优先。"互为主体的联结"正确地说，是无法被界定的。他说："我这么强调互为主体性，是因为它强调有一个被感觉的底基的临在，有一个扎根于存有的人类团体的存在，没有它的话，人类的真正联系会是无法被理解的，或应被视为彻底虚构的东西。"[《存有的奥秘》（*Le mystère de l'être*, p.20）]

马赛尔一生断然攻击客体化，强调"主体际的联结"。这是建立在相遇（rencontre）、临在、创造性忠信、神的信仰、爱的经验上的成果，他说："这是存有论的主要与件。"我们无法总述他所有的惊人分析，谨选两点来解释《是与有》在马赛尔思想发展中的定位。

其一，表明主体际性（扩展到我们已潜入其中的自然的环境中，就是后者屡次向我们启示神的超越性的程度，指称人向存有开放性的程度）时，不断来回重复讲一个明显的众人皆知的说词：我们要知道人是社会性动物，如果人是孤单的，他不会学会讲话，也不能合适地称他为"人"，他甚至不能活下去，像被遗弃的婴儿一样难逃一死。我们依赖着自然，而社会生活的确要求一个最低程度的相互关联。但互为主体性不是相互关联。相互关联是说，它在主体间有服务和"有用对象"的交换关系。我们甚至可以说人的一切关系之达成都预设主体际联结。对这个"主体际联结"，我们有时有极深刻的感受，当我们体会到"他者"借其专注及深爱而呈现的临在时，它"会使我灵魂复新"："这个临在乃有吐露实情的功能，那是说，它使我自己变得比我没有此经验时丰富得多。"[中文版《临在与不死》，第240页，引述《存有的奥秘》（*Le mystère de l'être*, I, pp.220—221）。]

其二，主体际性不是一种状态（état）。状态表明两种相反的情境，一种是人或多或少地会成功，另一种是人或多或少地要远离心灵的成全（perfection）。主体际性降级（dégradée）的形式是：误会、谎言、争执、仇恨等。它们让我们感受到的是本体的亏空（déficience ontologique），"流亡"的遭遇更是。[《存有的奥秘》（*Le mystère de l'être*, vol.II, p.33）]但孤独亦能成为主体际性的一种形式，因为他者之缺席不是完全空无。

"在处境中的存有"可以活在一个家庭、一个国家、一种文化中，这不是一种状态。它显示出"旅途之人"的行为，因为在时间中的人应当自我成长、努力自我实现、用尼采的话可以说"变成真实的自己"（ce qu'il est）。因为存在是由许多互为主体之行为组成的，所以即使它贬值了，变得不完美了，"交流"（communication）能使之变成"共融"（communion），存在会再次寻获他在流放时失去过的存有。"流亡"遭遇的体认会要求我们思考"恶"的奥秘，马赛尔一生都在不停地反省这个主题，但我们不能在这里讲太多。我们不能忘记：人之所以能成为有格局的人要看他投身及经历种种考验和痛苦时表现的方式，来看他如何响应他自己的良知和"大存有"（l'Être）对他的呼唤。

现在我们终于了解了为何马赛尔能肯定每一个个体都有独特、具体和唯一的性格，同时也肯定"大存有"的普遍性，因为他面对的是一个"具体的共相"（un Universel concret），这是说众多个体在爱中进入共融，但仍保持着每人的独特性，所以他说："主体际性是我们在光内合而为一的事实。"（《临在与不死》，第 242 页）我们也可以回到马赛尔在《存有的奥秘》一书尾声所提到的有关交响乐的比喻中，那真是一幅值得我们激赏的精美描绘。

读者在《是与有》一书中要看到一些概念，如：问题与奥秘、客体化与创造性、是与有。这是马赛尔为分析他的哲学所用的工具：它们会帮助你意识到你的经验，这些词并不是为一套难懂的思想而组成的一些技术性的术语。

《是与有》是马赛尔 1927 年出版的《形上日记》的续篇。该日记是马赛尔在研究及撰写博士论文时有心得而随手写下的笔记。在《形上日记》结束（1923 年 3 月 16 日）那天他写道：

其实，一切思考最后都引申到"有什么"和"是什么"

的区分。

他重新开始写他的日记是在六年后（1928 年 11 月 10 日），他把这段话也放在《是与有》的书首。至于他为何没有立即继续写日记，我们无法知晓。反省"是与有"有助于他分析"降级的主体际性"（intersubjectivité dégradée）与"完美的主体际性"（intersubjectivité parfaite）间的对立关系。我们必须说如果我们能把"有"与"是"对立起来，我们也不能把"有"等同于与存有对立的"存在"。我觉得："存在"在它降级的情境中不断地力求更新，它给我们的是双重的可能性；在把它客体化时，"存有"转为"拥有"，继而也会将"拥有"转返到"存有"。没有这一种或那一种变更，现世的这些活动将会停摆。

我想我写的序不只为澄清作者生平的若干疑点，也为指出从《形上日记》开始的分析之后续发展，并给未来的演化提供方向。我很期望它能达到此构想。

我祈愿读者在马赛尔哲学中看到很令人钦佩的一点，那就是他的方法。如果我们真要与马赛尔重做第二反省的经验，我们必须要先意识到由我们自己的存在及由我们对存有的"迫切需求"而有的"当下经验"（expérience immédiate）。或许在这样的情况下，想往自由地参与人类合体的大合唱，以及参与在神（永恒的爱）内的共融，不再会被视为无法实现的梦想了。

2025年版译序

1983 年台湾商务印书馆出版本书，2021 年台湾心灵工坊出版本书第二版，今年（2025 年）上海人民出版社推出简体版，身为译者的我当然快乐万分。因为自从 1971 年我投身于马赛尔的研究迄今，在教授、书写及翻译的过程中，我愈来愈同他的思想契合。当我译、我教、我写马赛尔时，我觉得我也在"活"马赛尔。他的思想一步一步渗透我的灵魂，他将"存有"诠释为"互为主体性"的想法，也实践在我（译者）和他（作者）之间。我日积月累地体认这位法国作家，但我不知道他是否对等地也能进入我的思想，与我的灵魂共生同活。至少因我的努力，他的哲学逐步地深入中国的读者之间，甚至丰富了许多人的心灵，使他们能像马赛尔一样，能"活"出与人同"在"的生命，至少他们绝对可能与译马赛尔书的我交流。如果不是实体，以文字和思想的融合与表达来交流，决非幻想。这是大部分文字工作者都梦寐以求的回馈吧。

《是与有》出版以来，已引起许多喜欢哲学的人士，特别是喜欢存在主义的学者们青睐。有不少博士生看到我时说："我引用了很多你译的书！"哈，真想不到！太意外了。一般而言，引用我译的《是与有》的人是不会告诉我的，究竟有多少人，只在他们的作品被公开发表后才会被人知道。但这样的一个消息在作者或译者身上引发的快乐，可想而知是非常强烈的。记得唐君毅先生在一文中说：偶知千里外有人读他的书，令他有莫名的喜乐。我们千万不要吝啬，多多向我们喜爱的作者表达一份激赏之情吧。

笔者在写博士论文时，曾三次遇过马赛尔这位研究对象。由于我仍在摸索之中，未能尽情交谈。当我比较深入地了解了他时，哲人却仙逝了（1973 年）。借两位马赛尔的挚友 [耶稣会神父、哲学家加斯顿·福萨尔（Gaston Fessard, 1897—1978）；泽维尔·蒂利埃特（Xavier Tilliette, 1921—2018）] 的引介，我认识了马赛尔的家人（儿子、媳妇及他们的子女）。他们非常喜欢我这个来巴黎取经的东方人，常常邀我去他们的家。因此我从同他们的交往中，获得了许多从书本上无法读到的哲人的生活絮事，对我领悟他的哲学大有帮助。1976 年我结束学业回台之后，还同他们有书信往来。十数年后我有一次去法国，他们知道后力邀我去他们在法国中部的别墅小住。我去了，荷蒙招待以外，还请我在他们父亲的房间里休息。夜间，我躺在马赛尔的床上静静地想："我哪里来的福气，何其有幸，竟可睡在马赛尔的床上？"这应该是"互为主体"哲学的一个实体插曲吧。谨与诸位读者分享。

2021年版译序

　　《是与有》是马赛尔承接前一本《形上日记》而写的第二本《形上日记》，两者相隔五年，但作者已从极度抽象的《形上日记》上册转至具体，并对前书思考的若干主题，如："我与你""身体主体""信仰""忠信""生死观"等在本书中加以更透彻的探讨。

　　"是"的原英文是 Being，法文是 Être，中文译成"存有"。亚里士多德把此概念放到"形上等级"诸范畴的顶峰，使它成为可适用于一切存在事物的总共相。"存有"一词本身不提供内容，它是空无所有，悬浮于万物之上的符号，仅为知识论加持，对实际的存在来说，是无关紧要的"东西"。

　　马赛尔在 25 岁前，完全服膺这种传统哲学的观点。他在巴黎大学写的博士论文《宗教之可理解性的形上基础》，以纯理性的思考来钻研这个问题。他与外界断绝来往，一心投入研究。其间，他把一些临时有感的心得记下，这不是论文的草稿，而只为

1

提醒自己有过的思绪。前半年写的日记，后来成为他的《形上日记》的上册。

第一次世界大战时，马赛尔被召入伍，这使他走出他的研究室，开始接触具体的人。他因体弱而未上前线，被派留在巴黎的红十字会中心做寻找遗失官兵的工作。在这个中心，他天天遇到的是前来询问丈夫、儿子下落的妇女。

他在她们的脸上看到了一张张有着强烈痛苦、焦虑和失望的面容。这些面容使他逐渐从自我转向"他者"。这些妇女原是陌生人，但现在变成一个一个具体的"你"。就这样，马赛尔在战场的后方学到他未来一生要鼓吹传扬的"我与你"哲学。

他终于从纯理性的牢笼中脱颖而出，此后辩证式地追求纯客观性的研究已不再能吸引他。生命的真实体验远远高过于一切由抽象获得的概念。他终于有了自己的话来表达他的见解：真正的存在是"临在"，是"共融"，是"爱"。换言之，"我们"才是建立"主体性"的真正关键。孤立的我或"独我"是"低存在"或"不存在"。他对原为空洞的总共相"存有"作了新的界定，以"互为主体性"来诠释"存有"的真谛。

本书《是与有》是马赛尔的第二本《形上日记》。他原写了五个月的《形上日记》（1914.1.1—1914.5.8）在第一次世界大战初期时停笔。一年半后（1915年9月15日）重新执笔撰写该日记的下册。此时，他已经历了一个哲学的皈依，他的步调与关切的事物已改变了：他从一个理性主义者蜕化成一个生命哲学家。他不再缩在概念的框框内，而要直接地去接触存在。他以"我与你""互为主体""临在"来表达他的新颖思想。

台湾心灵工坊出版社有志于推广马赛尔哲学，从台湾商务印书馆取得《是与有》一书的版权后，邀请译者写序，笔者乐于应允，谨愿略为介绍一下此书的特点。

《是与有》是马赛尔"哲学皈依"后写的日记（1928—1933）。他出版此书时（1935年）距他出版《形上日记》（1927年）已有八年时间，他受法国学者注目已久。因前书下册涉及生命的具体经验，引发了极大的兴趣。他在《是与有》一书中随着新的思绪相当自由地在经验的海洋中遨游。故此书一出版即大受欢迎，也奠定了他在欧洲当代哲学中的地位。

笔者认为是他对存有的诠释改变了传统哲学的视野。对他而言，"存有"不是一个符号，或范畴，而是一个活生生的生命重现，是人与人间之"临在"，他使存有之"概念"起死回生。他写的经验是大多数人会有的经验。而人同心同，故不单西方人，东方人对之亦大感兴趣。这才是真正的共相。马赛尔称之为"具体的共相"，并说这是一种"不属于概念层次的普遍性"。

由"具体的共相"所构成的形上思考，必然不同于传统形上学，但它要发展成一套完整的、有系统的论著才能开创哲学的新时代。在传统形上学霸占哲学界主流的时代，马赛尔的原创哲学还得等待适当的时机，才能使它大放光明。或许同东方哲学的互动及交流可开发新契机的火花。

笔者在巴黎时曾拜访过马赛尔三次。最后一次在他家的客厅中，当他听说列维那斯教授要我写以"奥秘与意识"为题的论文时，他一再吩咐我必须仔细阅读他1933年发表的论文：《存有奥秘之立场和具体进路》（见拙著《存有的光环》，第289—325页）。这篇论文撰写时刻与《是与有》有部分重叠，他用不少篇幅讨论此文。笔者曾按马赛尔劝导读过该文多次，深得其益，觉得此文可称为马赛尔思想的撮要，对无法阅读该文原文的读者，可从阅读《是与有》一书之记录中得到极宝贵的启发。谨为序。

1990年版译序

译按：这篇序文写于1983年，今在第二版上再予刊登，或许有助于读者对译者在译完此书时的感受稍有体认。

这本书受台湾中山学术文化基金会委托翻译，历一年半始告完成。虽然它的篇幅不大，笔者又在留法时阅读过数次，然而要把它译成易读的中文，实在不是一件容易的事。笔者在课后工余，用零碎的时间陆续将它译出，费时甚多，但终告完成，了却了一件心事。

马赛尔之作品译成中文者，这是第三本，另外两本是《隔离与沟通》（台湾：先知出版社），和《人性尊严的存在背景》（台湾：问学出版社）。前书是三个戏剧的集本，后书选译马赛尔于1961年在哈佛大学所作之若干演讲。严格地说，这两本书都不是他的哲学经典。现在向大家介绍的《是与有》乃是他的《形上日记》第二本。马赛尔出版的日记共有三本：(1)《形上日记》(1927年)、(2)《是与有》(1935年)、(3)《临在与不死》(1959

1

年）。另一本由他的学生整理发表，名为《哲学片简》（1961 年），收集马赛尔最早阶段（二十岁左右）之哲学日记。这四本已发表的日记可谓马赛尔思想的原汁，是他的灵感和反省的笔录。以可读性来说，愈早期的日记愈难读，因此，哲学门外汉，甚至修养有素者，都会感到《哲学片简》和《形上日记》两书之艰难。马赛尔在他的自传和若干文章中屡次对自己早期思想之晦涩及表达技巧的笨拙大感不满。当笔者于 1972 年与他讨论时，他几乎想劝我只从《形上日记》下册开始研究他的思想，但立刻他又改变了想法。总之，《是与有》写在他的哲学皈依之后，已较前作清新易读得多。上述"哲学皈依"乃指马赛尔因第一次世界大战之冲击和若干不寻常的经验，使他从纯理性的思考走向重视具体人生的反省。他的存在哲学便是他哲学皈依之成果。然而他整个的哲学历程还应从他最早的哲学方向来看，那么他前期的作品，均成了解他整体思想的重要资料了。

《是与有》是马赛尔走向具体哲学思考后之作品，因此原则上，这该是一本可读性颇强的书。然而哲学家之为哲学家有其本色，即他的反省深度、表达技术、哲学造诣都使他的文字具有特殊风格。为能深入了解，读者也应当具备一些相当的条件，尤其是寻求真理锲而不舍的态度。如此他才能在成书半世纪后，仍能与作者不断发生共鸣，感受作者每次获得灵感之后的喜悦，甚至完全把握马赛尔所发现的"存在"真义。

马赛尔这位思想家由于萨特的介绍，已为哲学文坛周知。中文学界尚未有介绍他哲学的专门著作问世。然而有心人读他这本《是与有》原典之后，必会体会到这位西方思想家异乎寻常，与东方思想特别接近，他之重视人际关系，强调直观，以及具体的形上进路都使我们感到亲切熟稔。笔者曾在巴黎花五年时间细读其作品而撰写论文。将他介绍给中国学人，本是义不容辞的事，目前以翻译《是与有》一书作正式介绍之肇端，希望以后尚能作更全面之深入介绍。

本书从法文原文译成，也参考过英译本。专门名词原则上附英译，为使大部分读者易于了解，但若英译不够精确，译者乃选法文原文，因此可能显得不整齐，但笔者认为这是忠于原著而对读者最有利之附文方式（编按：新版本已全部改为法文）。此外同一名词有时用不同之中译，接上下文而定，但这种情况不多，且常附有原文，因此不难查明。

翻译哲学书籍，尤其原典，是件吃力不讨好的工作。台湾中山学术文化基金会在高思谦博士推荐之下毅然决定译出本书，可谓有文化的胆识。译者蒙此基金会鼓励，终能如愿以偿，交出这本译书，使该会出版名著之计划又完成了一项，但愿各位读者不吝批评指教，使中国学术界借一连串优良书籍之问世，再次激起喜爱哲学的高潮，则中国文化有幸焉！

上　卷

存有与所有（或：是与有）

第一编　形上日记（1928—1933）

1928年11月10日

今天我下定决心要继续撰写我的形上日记，或许用一连串相连的沉思方式来撰写。

刚才我获得一个想法，好像有些重要。我重新思考我有关"存在"的基本观点，我在设想是否可能在某一种意义下说：一个概念存在着。下面就是我反省后获得的结果：

以表象的方式看观念，即按照一客体的样子看它（前一阵子我曾经反省自问：当我们说一个观念有许多方面时，我们是在指着什么在说），这样一个观念分享这个客体是否"内入存在"（l'in-existence），取决于它是否分享"我体"(mon corps) 之本性（la nature）；换言之，就在于它并不被我想成客体这个关键上。我们是否应该用同样的方式说：能够有或有一个观念的存在？但是我们能够这样想，不正是因为观念不能化约到我们为它所作的伪客观的表象（représentations pseudo- objectives）中去吗？

唯物主义的解释虽然很不适当，倒能暗示一些我试着释放的模糊感触。我们或许可以说：一个观念存在与否要看它是否"依附着"（*adhérente*）什么东西。我很愿意用一些具体的例子来澄清一下，但是似乎不太容易。那天我反省的出发点，是一个事件的观念（某君之手术），对这个观念我有多种理由感到焦虑不安。有人会说，是我在把这个观念不停地翻滚，或认为是这个观念本身在翻滚，而向我连续地呈示出它的不同方面，就好像逐面地观察一颗骰子那样地去想象一个观念。

1928年11月22日

一个奇异的观念：可归罪性（l'imputabilité），更好地说，归责于某人或某物之需要；这不是一切因果解释的根源所在吗？我觉得，关于这点，还有很多材料可以供我们反省下去。这种看法，照我看来，很接近尼采的心理学。

备忘录

日期不详，写于 1927 年或 1928 年，为哲学协会上要发表的论文纲要。这篇论文之后从未发表。

当我肯定一样东西存在时，我常把这样东西看成与我体相连的，或看成能与我体有接触的，即使两者之间只能有一种间接的接触而已。只是我们应该清楚指出，这个我授予优先权的我体，不该对我来说是一个完全客观性的身体，它应该是"我"的身体。在我与我体之间具有的奇异而亲密的特征（我故意在这里不用关系两字），实际上影响到一切有关存在的判断（jugement

7

existentiel）。

以上所言旨在说明，我们无法将下列三项截分：

存在；

意识到自己是存在着的；

意识到自己是与一个身体相连的，就是说，是具"体"的（incarné）。

从这里我们似乎立刻获得若干重要结论：

（1）有关实在界的存在性观点（le point de vue existentiel），似乎不能不是一个具"体"之个体（une personnalité incarnée）的观点。如果我们可以想象出一个纯粹悟性，为这样一个纯粹悟性，没有人可以估量说：有些东西是存在着的或不存在的。

（2）外在世界存在与否的问题会以另一种方式出现，甚至这个问题可能已经失去了意义。事实上，我不能没有矛盾地想我体是不存在的，因为由于与我体连在一起（正因为它是我体），每一个存在物（tout existant）才能被界定，并且具有位置。另一方面，我们必须追问：是否有确实的理由，将形而上的特权身份——将我体看成与众不同之物体——赋予我体吗？

（3）如果上述可行，我们可以再次设问：是否在灵魂与肉体间结合时有一个灵魂与其他存在物结合成全然不同的本质？换言之，一切对存在所作的断言，是否都为某种体会到自己与宇宙相连之经验所支持？

（4）要查考是否这类的对存在的解释会把人引领到主观主义里去。

（5）指出为何唯心主义必然趋向消除一切对存在的考虑，因为它根本不了解存在。唯心主义与形上学相对。

价值要从存在上被拆开：因为价值太真实了，而不能再"存在"。

重视存在的哲学和重视人之位格的哲学（les préoccupations personnalistes），两者所关心的问题非常切近。灵魂不死的问题，这是形上学的枢轴。

每一个存在物，当它被思为可辨认的障碍时——就像在某些情况中我会碰撞到的一样东西——它就具有抗阻力、不可渗透性（imperméabilité）。这种不可渗透性或许可以被思维，但我们把它想成一种不能完全被思维的东西。[①] 同样，我体之能被思维，就在于它是"一个"身体，而我的思考立刻撞到一个事实：它是"吾"体。

如果说有一样东西存在，这不只是说，这样东西属于一个我体也属于之同样系统（即谓：此物以某种可以被理性限定的关系与我体连在一起），而更是说，此物以某种方式与我联合，就像我体与我联合在一起一样。

具"体"性是形上学的中心资料。具"体"是一存有与一身体相连之处境的显示。这个资料对它自己来说是不透明的：与"我思"（cogito）对立。关于这个身体，我既不能说它是我，又不能说它不是我，也不能说它是为我而存在（客体）。立刻，主体与客体之对立被超越了。相反，如果我把这个对立看成基本情况，而以此对立作为出发点，逻辑就不能再施展其绝招，不再

---

① 这种不可渗透性能被我们思维，但不能被我们化约。世界之不透明，以某种意义来说，是不能被化约的。在不透明性与"我之为我性"（Meinheit）之间有一种联系。我的观念对我自己来说也是不透明的，正因为它是我的。这里有依附性（une adhérence）一概念的含义。（1929 年 2 月 24 日注记。）

能使我与这经验重合。这个经验必会逃之夭夭，或拒绝被我了解，这原是同一件事。我们不应对这经验呈示某种偶性特征（un caractère contingent）表示异议。事实上，一切形上探究都要求这类的出发点：从一种处境出发，这种处境可被人加以反省，但不能被完全了解。

查问具"体"性是不是一个事实，我并不以为然，它是一个由之出发而可以有一个事实之数据（"我思"并不如此）。

这里有一种严格地说不能被控制、被分析之基本处境。当我在含混地宣称"我是我体"时，我即在肯定上述的不可能性；换言之，我不能把我自己完全处理成一个与我体分开的一极（un terme），而视两者是以某种可以界定的关系联结在一起的。就像我在别处说过：当我们一把身体处理成科学研究的对象之同时，我就把我自己放逐到无限遥远的地方去了。

这就是我无法思索"我之死亡"，而只想那架（不是这架）机器之停顿的原因。或许可以更精确地这样说：我无法将我的死亡提前，这是说，我无法设想：当那架机器不再操作的时候，我要变成什么东西。[1]

---

[1] "约定"（un *engagement*）的观念。试着指出在什么意义下我无法描绘我的死亡，并且我绝对无法有效地描绘它。如果我企图思索我的死亡，我就会违反公定的规则。但如果把这不可能性转化成武断式的否定，那也是一定完全非法的做法。（1929 年 2 月 24 日注记。）

1929年2月29日[1]

　　或许觉察到一个重要的错觉（请参考上面有关具"体"性之备忘录），就是设想不透明性与"他性"（l'altérité）可以相连在一起。可能事实恰好相反：不透明性会不会实际上来自我之干涉，即我以第三者的身份插入自我与他者（l'autre）之间之结果？

　　外在世界之昏暗取决于我内在对我自己之昏暗：世界没有固有的昏暗。我们能不能说，到最后还不是回到同一件事上？我们必须要问的是：这个不透明性一直到什么程度是一个"事实"？更进一步可问：它是不是一个"行动"（un *acte*）的后果？是不是罪（le péché）的后果？

　　在我的观念愈变成"我的"观念之处，我愈觉得不容易把握住它们。就在那里，它们为我变成不可渗透的东西。[2] 我想知道，

---

[1]　编注：原文如此。下一则是 1929 年 2 月 28 日，此处日期可能为作者笔误。

[2]　说我的观念变成内在昏暗的源泉，是说：就在这种情形下，它们控制我如同一个暴君控制奴隶一样。1933 年起草的《有之现象学》能澄清上述解释。（注记于 1934 年 4 月 13 日。）

是否这种情形可以适用于一切实在界（réalité）。岂不是就在我投身参与到实在世界中去的时候，实在界对我来说就成为不能通透了解的东西（impénétrable）？[①]

上面所谈对那些愿意清楚思索的人，实在显得非常困难。我很乐意用另一种语言来讲，即《形上日记》的语言：就在我体成为绝对媒介（médiateur absolu）的时候，我就不再与它"沟通"（communiquer）（沟通指与处在客观关系内的任何存在物交往的方式）。我们还要说：我体对我不是，也不可能成为一个"所与"，因为一切"所与"（tout donné）都可以经历一连串无终止的客体化过程（un processus d'objectivation indéfinie），这就是我所了解"可渗透性"一词的意义。[②] 我体有不可渗透性，就因为它是绝对媒介。可是按这个意义来看，这个"我体"明显的就是我自己，因为我不能把我从我自己中区分开来，除非我把我体转变成一个客体，就是说，我不再把我体看成绝对媒介了。

这里我愿意一劳永逸地与一些譬喻斩断关系。这些譬喻把意识看成一个发光的圆圈，在它圈外的一切对它都呈现一片黑暗。但其实相反，阴影是在圆圈的中心。

当我设法寻找一个我与我体间所有关系的解释时，我发现我体好像我用过的一样东西（就像用过的剃刀、用过的锯子、弹过的钢琴似的）。但是这一切"使用"（pratiques）都是最初使用的延长，而这最初使用便是使用身体。因此是在使用的角度，而不

---

① 在这里我提前表达了我以后要写的"奥秘"（mystère）。但这一段话的确含有一种在"不透明性"与"奥秘"之间的混淆。（注记于 1934 年 4 月 13 日。）

② 我再一次在这里看到一个混淆的地方：客体之为客体（l'objet en tant que tel）本质上是能被我接近得到的东西，但不能被我所渗透。可渗透的，乃是"别人"。更精确地说，是"你"。（注记于 1934 年 4 月 13 日。）

是在知识的角度上，我对我体来说，享有一种真正的优先权。这种使用之可能性，在于它有某种"共同体"的感觉（une certaine communauté sentie）作为基础。但是这个共同体是不能被分解的。我不能合法地（valablement）宣称：我与我体。困难来自我把我与我体的关系和我与我的工具之间的关系看成类似的，事实上，后者假设了前者。

1929年2月28日

……

今天下午在准备要在维斯康特街（rue Visconti）9号举行的会谈内容时，我发现：唯一能克胜"时间"的因素，乃是信实（la fidélité）。（参阅尼采的具有深识的名言：人是唯一会作承诺的存有。）生命中并没有什么能使我们超越时间的特权状态：

普鲁斯特（Proust）的错误就在于他没有了解这一点。普鲁斯特描写的那类状态只能有一种"发动"的作用而已（amorçage）。"发动"（或译"导火线"）这个概念似乎要在我的思想中，扮演一个愈来愈重要的角色。可是应当注意到〔这里我觉得我和费尔南德斯〔Fernandez〕分道扬镳〕：这个信实，除非你甘心让它萎缩，或让它变成执着，它应当在那个我称之为"绝对的与料"（une donnée absolue）里获得自己的出发点。（关于这一点，当我想念我挚爱的人与物时，我有极深刻的体验。）从一开始，就应当有一种"被委托"的经验（remise），有人将一样东西委托于我们，以致我们不只要对我们自己负责，而且要对一个活泼且更高级的原则负责（un principe actif et supérieur）——我很勉强地用这个抽象得可厌的词。

就像我写给莫里亚克先生的，我对将自己投身进去，同时感到害怕和渴望。但是这一次又……，我觉得在本源上有某样超越我的东西——在我最深邃的内心"接受"一种赠予（une offre）之后，我已经投身进去了。……要问的是我怎么相称领受这一切？这是一件很奇怪而明晰的事：如果我继续使自己相称于这个赠予，我会继续相信下去。这两者之间有一种不可思议的相互关系。

1929年3月5日

我不再怀疑。今天早晨，我有了奇迹般的幸福。我第一次清楚地经验到"恩宠"（*la grâce*）。这是些惊人的话，但都是真的。

我终于被基督信仰（lechristianisme）所包围。我沉浸其中，幸福地沉浸（submersion）！但我不愿意再多写了。

然而，我又觉得需要再写一些。有种乳儿牙牙学语的印象……这实在是一次诞生。一切都变得不一样了。

现在也由于我的"即兴力"（improvisations），我看得很清楚。要用另外一种世界的譬喻来讲，这世界从前已经完全的"在"（présent），但它现在终于露面了（affleure enfin）。

1929年3月6日

下面是有关时间的一些注释，我预感到它们将有的重要性。当主体被思成具有"纯粹接受性"者（pure réceptivité），那么时间与非时间（l'intemporel）之间关系的问题，就变得稍微简单起来：事实上我能把自己看成一个在时间中以连续的方式把握某物的人，此物从另一种角度来说，乃是在同一时间内把自己完全交付出来的东西（譬如阅读）。但是这种说法很抽象。主体不是"纯粹的接受性"。或者，更精确地说，这个把握（appréhension）本身就是一个事件［无终止的（indéfinie）一系列事件；这一系列中所包含的事件与它所揭露的历史不能分开］。换言之，主体由于是动因（agent），他投身本来他只须辨读的内容之中（并且除非他同时是动因，否则他不会具有"接受性"）。这是一种非常复杂的处境，但是我应该勉力地去把它想个透彻。我深信我走在一条正确的思路上，但是我跑得出来吗？

再确定一下：假定有一份可理解的数据，我把这"处在同

时刻之整体"（*totumsimul*）称为 L，而把"阅读"称为 λ。λ 指
每次阅读之总和；借着每次阅读，我逐渐领会 L 每个成分。这
个阅读就分为 λ¹、λ²、λ³。而这些领会显然都与 a¹、a²、a³ 这
些阅读行动相关联。只是这些个别的阅读行动一经反省，就显得
完全外在于 L，并且对 L 的关系非常淡薄。[这种淡薄感也能引
渡到与构成 L 各个步骤之关系上。这些步骤当然已属于"过去"
（passé）]。这些步骤已属于过去之事实与 L 对我显得像一个客体
之事实是紧紧地连在一起的（我在逐步地品评一本书或鉴赏一幅
画之每一部分……）

　　现在我们可以举一个更复杂的例子。譬如说我有即兴演奏
的经验。我逐步意识到这个即兴演奏的每一分段，这些分段很可
能对我显得缺乏连贯性，但是也可能我"体认"出这个即兴演奏
具有统一性，同时我并不把它看成客体，正因为这是一个即兴演
奏。（这些话与上面一段连起来，即承认构成某一事件之步骤属
于过去之事实，与"处在同时刻之整体"能对我成为客体、形成
与料之事实间有关联。）在即兴创作中产生的这种"体认"本身，
实际上已是某种参与，就是说，这种感受不可能产生，除非我以
某种方式置身其内。

　　我们还能向前迈进一步。参与对即兴演奏有所贡献，该是
不争的事。这个参与愈有效，则我愈积极地投入即兴创作的经验
中去（我同这经验之间愈不会是纯粹接受性的关系），而从某种
意义上来说，我更不能把它看成"处在同时刻之整体"。但这种
困难，这种几乎不可能性（quasi-impossibilité）受这全体本身结
构之影响远小于受我个人积极投入时所采取之方式的影响。老实
说，我的处境并非使我不能摆脱交与我的一个职务；这里应当知

道的是：在这个"摆脱"（détachement）面前我要采取什么立场。我认为这才是最重要的一点。

1. 我很可能忽略去思考这种摆脱，而把自己转变成一个纯粹旁观者。这种转变会带来一个危险，即这全体对我愈来愈显得好似一个纯粹的表演而已（pur spectateur），甚至是一个缺乏意义的表演。因为除非我积极地投入一个即兴创作的经验中去，否则我大概不会把握鼓舞它的可理解的动力（le dynamism intelligible）。在我与这全体，或更深刻地说在我与我之间要产生一个悬隔。(以上所说假定下面一点：作为一个纯粹旁观者，我从我自身之中抛掉那些能促使我参与的内在活动。但是这种被孤立和被隔绝的行动将失去其一切意义，而它们内在的空无会确实地传染到即兴活动本身上去。)

2. 相反，这种摆脱亦能被我实际上想成是参与的一种内在化形式。在这种情形之下，我仍是体系的一部分，只是我的位置有了改变而已。

1929年3月7日

如果我没有弄错，我认为把时间看成理解（appréhension）之模式，是犯了一个严重的错误。[因为这样一来，我仍不能不把时间看成主体借之了解自己的次序，而除非主体精神涣散，并且理论上把使他成为今日之他的基本投身（l'engagement fondamental）与自己一刀两断，否则上述见解是不可能成立的。]

下面一段是我在昨天下午反省"时间是考验（l'épreuve）之形式"所获得的结论。从这个角度看，"绝对的即兴创作"（l'improvisation absolue）这一个譬喻常能供给我们取之不尽的资料。这里有一个超越时间的观念，但这绝不指把自己提高，就如在每一时刻我们对着一个空的观念"一个处在同时刻之整体"能做的一样。这观念之为空，是由于它对我完全是外在的，并且以某种方式显得软弱无力。超越时间乃指：以一种愈来愈有效的方式参与那鼓舞全体的创造意向（l'intention créatrice）。换言之，即把自己提高到一个层次，那里愈来愈少有持续（la succession）的现象，并且在那个层次上，将发生的事件用放映电影般地持续表达，愈来愈显得不完全、不适合，甚至终于成为不可能的事。

我觉得以上所谈的至为重要。就在那里，并且可能只在那里，我们可以找到一条从"创造性的演化"（l'évolution créatrice）到"宗教哲学"去的信道，但这条信道之行得通与否，则全靠一个参与的具体辩证（une dialectique concrète de la participation）。①

虽然我尚不能完全证实，我也相信这里有一个有关"恶"（le mal）的理论基础，它可以同时保持"实在"和"偶性"（la réalité et la contingence）。

我们愈把世界看成一场好戏（spectacle），它就对我们愈来愈成为形而上地不可了解，因为在我们和世界之间建立的关系变成本质上充满荒谬的关系。或许我们可以把前几天我关于内在不透明的论点与现在讲的连起来。昨天我写有关世界起源或世界在时间内的有限性的问题，在我看来非常重要。如果我把这个世界看成客体（用 A 义看"摆脱"），那我就不能不询问：这个客体是怎样形成的？这个结构是怎样开始的？这是说要用思想把一连串持续进行的操作重新组织在一起。"被视为或被处理成客体"之事实，与"占有一个可以重新组合的过去"之事实本质上是相连的。最简明的例子便是经验中所给予的位格（une personne empirique donnée）。但是我要重复一次，这种情形要以一个起初的行为（l'acte initial），即我与世界分开为前提的，好似把我从一个客体中分开，而从各个方向予以观察。对一个特殊物体来说，本来这种客观态度可以说是完全合法的，甚至是必须的。可是当

---

① 这个见解虽然早在 1929 年出现，但在今天，甚至在柏格森大著《道德与宗教的两个来源》出版后，对我仍是有效的。（1934 年 4 月。）

涉及宇宙整体时，纯客观性的观察就会变成不合法甚至荒谬。我不可能甚至只在思想中，把我自己与宇宙真实地截分为二。只有借一种不可理解的虚构方式，我才能幻想把我自己置放在宇宙之外，而以较小的规模来设想宇宙起源之各个阶段。我也不能走到我的外面〔这里有一种启发性的平行（parallélisme évélateur）〕，而询问我自己的起源。此处所提的起源当然是指非经验性的，而是形而上实在之起源。我的起源和宇宙起源的问题实质上是同一个和唯一一个问题；更确切说，是同一个和唯一一个无法解决的问题。它之所以无法解决，是因为它与我自己的立场，与我之存在，与此存在之根本形上事实紧连在一起。在此，我相信，我们可以获得一个对于永恒的绝对积极的概念。宇宙按其本色不会也不应当被思成一个客体，被狭义地说没有"过去"。它完全超越我上面提及的那种放映电影式的表达。关于我自己也有同样的情形：从某一层次上看，我不能不显得"与宇宙是同代的"（coaevus universo），这是说，是永恒的。只是我在什么次序内体会自己是永恒的呢？无疑，这是一个棘手的问题。我相信我们在这里反省的与我今天上午所撰写的可以接得上。

事实上，方法常是一样的：挖深某个形而上的基本处境。对这处境只说"是我的"还不够，因为它本质上"是我"（être moi）。

我不能不写：在我思想中出现了的光，对我而言，只是"另一位"（l'Autre）的延长，祂是唯一的光，喜乐的圆满。

我刚才弹了很久勃拉姆斯的钢琴奏鸣曲，从前没有弹过。这些奏鸣曲将常为我提醒这些难忘的时刻。我怎么能抑止"泛滥""绝对安全感"和"被包围"在深厚的爱中的情绪呢？

1929年3月8日

　　我对两种"摆脱"的区别愈来愈感到有兴趣：一种是旁观者之摆脱，另一种是圣人的超脱。我敢说，圣人之超脱产生在实在界的内部；对宇宙来说，它完全排斥好奇心理。这种超脱实际上是最高形式的参与。旁观者之摆脱却正好与之相反；它是一种不只是理念上的，而且是实际上的背弃（désertion）。我认为一切古代哲学之不幸都系于此点，基本上它们都是旁观式的哲学。

　　但是我们应当看到：如果我们相信借着依附一种应用即能改变现实的实用科学，就能避免旁观身份，这是纯粹的幻想。这里我隐约地看到一个尚非明朗，但确是十分重要的观念。我愿意试试看对它再说明一下。一个此类的科学所加诸现实的变化只能产生一种形而上的效果，此即使此现实对它自己也成为陌生者。"自我疏离"（aliénation）一词倒能很确切地表达我要说的意思。"我不在观剧"：我愿意每一天要向我重复说这句话。这是一个最基本的精神资料。

精神命运之相互依属性（Interdépendance des destinées spirituelles），在救赎（le salut）的层面上，为我是天主教的最崇高的、最不寻常的特征。

刚才我还在想：旁观的态度与贪欲（concupiscence）很切近；更有近之，它相似于一个借主体将世界拉到自己身边的行为。现在我体察到贝鲁勒神中心说（théocentrisme bérullien）的深义。我们在这里为了服务，是的，对这个服务的观念，我们还当从多方面去探测它的含义。

今天早晨我还有一个灵感，虽然也有些模糊：有两种知识，一种是凡俗的（profane），另一种是神圣的。（从前我偏向于肯定一切知识都是凡俗的，这种看法很不正确。"凡俗的"一词有不可比拟的说明效力。）我们应当寻找出，在什么条件下知识不再是凡俗的东西。

这几天我体验到难以置信的精神浓度。我的生命明朗化起来，一直到过去之深渊，而不只是"我的"生活而已。

每一次放任自己或许都是加给自己一个额外的限制，虽然我们并未理会到：给自己加上一条枷锁。内心修炼（l'ascétisme）之形上意义就在于此。我以前从没有了解过。

实在界好似一个奥秘（mystère），只能把它了解成奥秘。我自己也一样。

1929年3月9日

不久之前，有一个重要的看法浮现在我心中。我不能再以任何方式承认：在真理之外别有洞天的观念（l'idée d'un au-delá de la vérité）。很久以来，这个观念一直叫我不舒服。就在神的临在（la présence de Dieu）真实地被我们体验到时，真理与存有之间的空隙就填满了。在信仰的观点下，片面的真理不配再被称为真理了。

"信"是未见事物之证据（La foi, évidence des choses non vues）。我不断重复诵念这句充满启发性的话，但它只在发生这个事件后才具启发性。

我也愈来愈理会到意志力在信仰中扮演的角色。这是关及有信仰者保持自己在一种人的层面上相应于恩宠的状态。从这种意义来看，这是一种最高形式的信实。2月25日以来，我对这个观点一直具有一种清澈了然的领悟。

1929年3月11日

　　我愿意记下一个很健康的思想。对基督的福音采取批判存疑态度的深处，含有一个隐讳的断言，即：一切不应该如此这般地发生。换言之，我们内在地制订启示（la révélation）应具备之形式——这种做法本是狂妄与极度愚蠢的。并且我强烈地感觉到，在这种批判存疑的态度中，常含有"这不可能是真的"之想法，因此人们常能在福音中找出破绽与矛盾的地方来。我却认为个人良知没有这类的立法权。记住福音中这句话："变成小孩子吧！"这种慧识非为一般相信老练本身即具有至上价值之徒所能理解。这些反省还应当加以挖深探索。

　　如果有人预设一切奇迹是绝对不可能的话，必然地一切相反之辩解都不只会失去其说服力，并且本质上会成为可疑的东西。我也想过，奇迹之可信性可以以克洛岱尔（Claudel）和马里坦（Maritain）皈依基督的事件来作有力的说明。没有人可以怀疑这些事件的真实性；同时没有人会设想他们之所以能信是因为缺乏足够的信息。从而我们可以把这个信仰作为基础而设问：什么是信仰成为可能之条件？这样我们乃从事实追溯到它的条件。这是作宗教反省可取的最稳实的且唯一的可行之路。

1929年3月12日

    今天早晨在翻阅特伦特公议会（le Concile de Trente）所编的教理大全时，我感到异常不舒服，并难以卒读。这一切让我极难接受。然而同时我又奇妙地感觉到，在我的身上好似有一种灵工正在展开，一切的抵抗都要瓦解。这是一种幻觉（une illusion）吗？我曾太长久地处身局外审视这一切，现在我应当把自己调配到一个崭新而不同的视野里去。这是非常困难的事。我感到自己不断地忍受一种内在灼焚的创痛。

1929年3月21日

　　我才走完了一段崎岖而隐晦的路径，这一段路密布障碍，并且很不容易把它再解说清楚。星期一晚上，我与M作了一次对我十分有益的长谈。并且我与A神父作了最后一次面谈……这种学习教义的方式我忍无可忍，尤其是发生在我与神之活泼关系陷入低潮的时刻中，虽然这个关系并未破裂。今天我觉得已恢复过来，这是确确实实的事。支持我最大的力量，是我不愿站在那些曾出卖基督者一边的意志，不愿与瞎子站在一起。此时此刻这对我是福音内最具启发性的活力所在。

1929年3月23日

今天早晨我领了洗，内心有一种我不敢奢望的情境：虽然没有什么亢奋的感觉，却体会到一片安详、平衡、希望和信赖的心情。

在卢森堡公园中，我获得一个灵感，现在记在下面。实际上，时间与空间可以说是诱惑（la tentation）之某种形式。在时空的无限对比之下，人体认到自己的微小。在这种情形下，骄傲和虚伪的谦逊会并肩而出，因为人愿意在理念上与这双重之无限契合，这无限却是以认知之对象的面目被人所领会的。

"神之临近给我带来晕眩之感。"又要回到"此地"与"现在"两个概念。它们具有一种无可模拟之价值与尊严。以后对于这点还要挖深研究。今天晚上我太累了，不能再继续写。

1929年4月12日

　　我隐约地看到一大堆观念牵连在一起，乱成一团，无法清理。

　　我愿意再对那个成见之本质作一反省。这个成见便是认定：我们已抵达到一个不能再信仰什么之时期……这里我们首先应当澄清一个关于经验和成长的先验概念（经验好似成长，或成长好似经验）。昨天我还在思索把"年龄"这个观念适用到人类身上所产生的基本混淆。最近发生的事物，是否是那些具有最古老或最年轻内涵的呢？我相信我们常在这两种观点中或此或彼地选择，更精确地说，在摇摆不定。基督信仰内的奇迹在此刻对我来说，是绝对青年化的一个焦点（point de rajeunissement absolu）。或许也可以说是一切可能有的青春之永恒而持久之源泉。

1929年5月10日

今天下午，可能由于昨天早晨在莫须街（rue Monsieur）圣堂参加礼仪所体会到的深刻印象之余波，再加上与C之一席谈话——他在收到我向他诉述我对士林哲学之自负深感困扰之信后，来找我谈话的——我又开始反省起来。

我思索"救赎"和"丧亡"（perdition）两个观念，并联想到"形上日记"中一个重要的片段。

下面是要点：只有活着的东西——分享着生命者——或被看成分享生命者，才能说获得救赎或丧失救赎。尤其对那些自身兼有存在和价值者可以如此说。然而我们必须超越这些范畴，可能就在这里我们接近了亚里士多德的看法。获救的东西显然是保存其形式（la forme）者，即以某种意义来说，如果不从生命，至少是从变化（le devenir）中得以抽离出来的东西。然而难题来了：能获救的东西本来只该是能被失去的东西。若果然如此，则这不该是价值，也不是形式本身。形式常常是牢稳的，它甚至不能受到威胁。终于出现了一个关键词："受威胁"这个观念；我们应当从各个角度去加以深究。在生物学的层面上看（或者，譬如我们从纯物质的观点去考虑一件艺术品，如一幅画、一座雕像），"受威胁"之观念相当明晰。今日世界之严重的伦理及形而上之谬见在于不愿确认：灵魂也可以受威胁；更有进之，这种否定甚至走向完全否认灵魂之实在。我们还注意到：在心灵的次序中，更精确地说，在理智的次序内，一般人都会同意，认为威胁的观念具有真实的意义。正因为如此，大家普遍地会认为：某些社会上的成见（国家间的成见，阶级的成见）能够威胁判断的完整性（l'intégrité）。但是不少人对于把这一观念完整应用到"人的位格"（la personne）上大起反感，除非把"人的位格"纯以生物学的意义去了解，即谓：实际上，将之考虑成某种在使用中之仪器。对一个基督徒来说，他绝不会以这种方式来考虑灵魂的；在这里可能正常操作或甚至健康观念都不再适用了。

1929年5月11日

很明显地我们不能不把救赎看成是直接或间接地与某个意志联系起来的事物（这个意志也可能并非属于被救者的，譬如对一个婴儿，或对一个类似婴儿之灵魂来说）。对丧失永恒来说是不是有同样的情形，这是我们该追问的重大问题。

我们习于设想：在生命的次序中，所谓失落或丧失只指一种"随其方便"（laisser-aller）而已。唯一积极的东西乃是有效地抵抗瓦解的力量，这种瓦解性只是机械地在生命中起作用。事实上是否如此呢？如果有人要界定"恶"的本质，基本问题就在此。有人可以说：在一切事物之中心印有一层暧昧的符号，因为我们可以把死亡看成克胜机械作用者、克胜随其方便者，或相反，我们把它看成一种具有毁灭性意志的表达方式。这种暧昧性也能出现在精神领域内，但是我们能把它排除出去。在这种领域内不难看到有某种"摧毁"自己意志的存在（或摧毁别人的意志，但意义相同）。应当探讨的问题乃是：鉴于在人心中发现的罪恶意志（la volonté mauvaise），我们能在多大程度上去设想自然界中事物的情形。

1929年6月12日

下面要写的是我常关切的有关本质对存在来说是否具有优先性的问题。实际上，把理念物（我们认为可以把它们看成不存在者）与已实现之物作对比，这对我来说是一个纯粹的幻想。因为这只是两种不同的存在模式而已。思想不能从存在里跑出去，它只能对存在进行抽象，绝不能为这抽象行为所哄骗。通向存在（Le passage à l'existence）是完全不可思议并且毫无意义的事，因为这只是在存在之内发生的形式变化而已。如此我们可以避免唯心论的侵扰。因而我们应该说：思想内在于存在，它是存在的一种模式，它具有一种特权，即可以同时为存在把自己加以抽象，当然它能如此是在一定的目标之下。如果说，在这种意义之下，思想包含一种谎言，或更精确地说：思想基本上叫人眼目昏暗看不到真实事物，这些说法都与事实不符。因为思想之昏暗，在知识之出现时，也就是说在回到存有之刻就会消失。但是这种返回存有在被察觉时必先假定承认自己原来是昏暗不明的。对于这个问题，我认为笛卡尔和费希特（Johann Gottlieb Fichte）都犯了形上学对之所犯的最严重错误。笛卡尔之"我思"把人引入纯粹的主观主义中去，而另一公式"在我之内有某个思想"（*es denkt in mir*）是远较笛卡尔之公式更为可取的。"我思"不是一个泉源，而是个闭塞器。①

---

① 今天我已不会那么直截了当地写这些句子，然而我不修改它们，因为它们在我的哲学历程中曾有力地表达出我当时愿与一切唯心论割断联系的决心。（1934年4月。）

1929年6月26日

我感觉在我身上剩余的唯心主义今天完全被拔除掉了，好似在我身上驱了魔［多少受到了阅读拉郎齐神父（P. Garrigou-Lagrange）之论天主一书的影响，虽然这本书并不能使我完全满足］。

一连串的问题以下列的次序呈显出来：我们对特殊事物之认识究竟涉及这些事物本身还是只涉及它们的观念？我不可能不采取实在论的答案。这样我们就回到存有在其本身的问题上去了。对"一般性的存有"，有一个朦胧的知识（une connaissance aveuglée de l'être en général）似乎是被包含在一切特殊知识之内。只是我们应当对"一般性的存有"这些词的意义要小心交代。它绝不能指挖空一切个别特征之存有。我能比较清楚地表达我要说的：一切知识涉及事物而不是涉及事物之观念——观念本身不是客体，并且只在透过了一个可疑的反省过程后才能转变成客体——这就暗示了我们与存有相连的事实。我们今后还该探索最后几个词的意义。

1929年6月28日

由于我除了用言辞外无法否认同一律的事实，我不能同时否认存有，同时采用一种或许有存有或许没有存有的弃权态度。更有进者，存有本质上不可能被纳入纯粹可能物之范畴内。因为，一方面我们无法设想在它之内具有一种逻辑上的矛盾，另一方面没有人可以把它处理成一种经验性的可能物（le traiter comme possible empirique）。或者我们没有或不可能对存有具有经验，或者这种经验实际上是被给予了我们。但是我们甚至无法设想还有什么比我们的处境更有利的——我们的处境允许我们"肯定"那纯粹的经验不允许我们目前肯定的东西。这种处境最好说是一位既"看到"又立即能超越断言之另一端者之处境。反对存有论者之立场乃是否认可能有一个对存有所作的无条件断言：简言之，他们坚持多元的相对主义，认为只有存在物（les êtres），或实有的各项登记（des registres de réalité）而已，而不愿意承认它们之中有一致性。只是或者这些词没有意义，或者至少有人在这里隐约地肯定了有一个包括这些词的一致性。这样他必要逃入纯粹的唯名论（nominalisme）里去，我相信只有在这里他能找到一个掩蔽之所。对于"存有"这个词，似乎不但没有一个实际物，甚至没有一个概念与之相符。从这个观点看来，同一律将被看成只是一种思想的"游戏法则"而已，它将是完全与实际世界脱离关系的。从纯粹唯名论，他轻而易举地转渡到纯粹唯心论。但是这种转渡是相当危险的，因为唯心论不能把观念化约成记号。他应当明白认出在观念上至少有一个心灵的实现（un acte de l'esprit）。而这点又引入了一连串新的困难。

1929年7月17日

　　我愿意在读完拉郎齐神父的著作以后对传统的证明神存在方式之合法性表明我的立场。事实上我必须承认在不断受到唯心论的影响之下，我一直在逃避狭义的本体问题。我发现在思考存有这个范畴时我常有一种深切的反感。我能不能向我自己解释这种反感呢？实际上我很怀疑。今天我觉得纯粹的不可知论——对存有之肯定采取弃权的态度——是站不住脚的。另一方面，我又不能在一个认为存有这范畴本身完全缺乏有效性的观念里找到掩蔽。如果思想妄图将价值的次序取代存有的次序，它将出卖自己，并不再认识自己本来的需要。同时它被判在面对数据时要停留在最可疑的暧昧之中，尤其是当它应当把握并且界定这个数据的时候。另一方面，我能不能坚持说，"有存有"这个断言不管它有什么外形（apparences），只是一种游戏法则之形式命题，对此思想应该臣服以便能够作用？换言之，它是否只是一种假言推论（inférence hypothétique）；为了说：如果我维护某一

40

个内容，这种态度已包含了它自己，因此它排斥其他与它不符的态度吗？当我肯定 A 是 A 时，用唯心论的话来说，这是指我的思想在肯定 A 时以某种方式把自己投入维护 A 的立场之中，但这种说法实际上并不真正符合我所想的，要是我肯定 A 与它自己之间有同一性的话。这种立场事实上对我是一切可能结构的条件（逻辑的或实在的结构——在这里我不应再注意两者之区别）。真的，没有人能够否认同一律，除非他也否认思想能接触到某样事物，除非他认为就在于我想某件事物时我停止想它——我的思想变成了某种能制止和注销它内容的奴隶。我们可以设想一种赫拉克利特主义（un héraclitéisme）或一种超柏格森主义（un hyperhergsonisme）走得那么远。只是问题在于知道：是否这个不再是想及某件事物之思想还会是一个思想，是否它会迷失而变成一种对自己的梦幻。对我来说，我相信事实是如此。因此我们可以设问是否我能够想我自己（宛若正在思想着，而不把这个被思的我转化成为某种不是什么的东西——这种东西本身是个绝对矛盾）。在这里我倒与托马斯主义（le thomisme）接近起来，至少以我对它的了解来说。思想绝对不是一个与自己的关系，相反，它本质上是自我超越的。因此对真理作实在论式定义的可能性已包含在思想的本性里面了。思想转向另一位他者（l'Autre），思想渴慕另一位。问题的关键就是要知道是否这另一位他者就是"存有"(l'Etre)。我愿意在这里注明：可能不用"内容"两个字更好，因为"内容"含有唯心论色彩。对我昭然若揭的乃是：如果我们不从一开始就把为许多心智困扰的走向客观性之进路用作出发点的话，它永远不可能再实现。

1929年7月18日

　　仔细地反省"想"（penser）与"想及"（penser à）之不同。想，就是体认（或建筑，或清理出）一个结构。"想及"却不是同一回事，它包含了忆念和内敛。"想及"一个人或想及（过去的或将来的）某件事。我不敢说我们可以以同样的方式想及神和想及降凡取体的基督，至少应当有一个条件——不把神看成结构。

　　另一方面如果对这个次序或这个结构拒绝给予任何本体价值的话，那也太冒失了，或至少言之过早。对这一切还应当更深入地加以思索。因为坦白地说，我们甚至可以把一个具体的个人处理成思想的对象呢！（这样做就是把"你"转化成"他"）

　　可以研究的一个问题是：是否把神看成结构这一个观念包含在一切特殊的结构之中。

42

1929年7月19日

总之，思想所碰及的只是本质。应当注意这点：在这种情况之中剥夺人性尊严之行动（dépersonnalisation）倒是非常合法的；相反地，在"想及"的次序中，上述的行动是完全不可能的事。因为常常是一个具体的某人想及另一个人或某一件事。这是非常重要的一点。

另一方面应该注意：我们愈把上下脉络修复过来，便愈能从"想"滑入"想及"。这为了解"无限"（l'infini）怎样地被包含在把个体思考成本质一事实中，是非常重要的。

还有一点，我们必须勉力去了解：为什么向神祈祷是毫无疑问的唯一"想及"神之方法，更精确地说，这是类似一种转移的行为，把在较低层次之"想及"某一人转移到一个更高的力量上去。当我想及一个人（有限的存有）时，我以某种方式在他和我之间建立起一个团体，一种亲密的关系，一个"同"（avec），这种联系可能在我想及他以前已经中止了（最近几天当我想及多年未见的中学老友时我的确有此感觉）。我又自问我如何能想及天主，这是寻找以某种方式能"同"祂在一起。很明显地可以见到：这里所讨论的"在一起"与另一种把我和另一个人联合的"在一起"大不相同。然而，我们别忘了：在想及某一人的事实中，我们已经积极地否认了空间这个观念，那是说，否认了在"同"之内最具物质性和最能引起幻觉的成分。否认空间就是否认死亡，因为死亡以某种意义来说是凯旋，是空间能实现的分离的形式中最彻底的一种。死亡的人是什么？他是不再在别的地方，不再在任何地方者。然而"想及他"是积极地否认他变成一无所是，完全灭迹。（这是记忆，甚至以某种意义来说，是历史之形上价值。）我们可以在这里再加深反省一个大家接受的观念，即所谓不在者，或亡者，除了在我身上以外不再在任何地方。实际上，这种想法乃是相信有一种能保存真相的照片，这是一种未制版的、会褪色的照片，但至少还是照片。（他已离去，但我有他的照片。）可是我们在这里再一次理会到一种绝对错误，由于对意识的自发性断言不了解所致。当我想及他时，理所当然地，我在想及这个人，而人们所谓的照片只是媒介物，为帮助我们想象而已。（还应该说，这种媒介性的支持随着不同个人之记忆能力而程度不同。）我或者可以说记忆具有神奇的效力，它能够超越所谓心理层次的中间物而长驱直入，碰到存有。（其中存有学的性质对我们来说也依然是不能通透了解的。）唯心论以及普鲁斯特均把这个存有看成纯粹的结构，对于这种看法我们应该秉公处理。如果把存有化约成一种臆想的综合而已的话，那么没有人再能说明它了。但同时，把我与某个存有——与"存有"——连起来的形上行为常呈显出一种与在建设或体认思想之活动相符的面目。

1929年7月30日

今天早晨我有了如下的反省：如果有某一种结构，空间的或时间的，或时空中的［我认为对时间中的结构（structure temporelle）有加深了解的必要，因为我觉得柏格森避免讨论它，或许他对这个问题不甚了解；这样一个旋律，这样一个生命］，很明显，由于这个结构是如此这般的一个，它就是这一个，而不是另一个。这里同一律的意义又显出来了。但我们应不应该从此下结论说：当这个结构愈失去它的精密度，或简言之，当我们愈接近"无限定者"（άπειρον）时，这个原则愈要失去它的价值。但是马上有一些重要的问题要发生。我能不能与托马斯学派的人一起说：同一律强迫我肯定存有？除非我能确定存有不是"无限定者"，不然我不能这样肯定。换句话说，为了使我不被强迫接受同一律只适用在理则学内的见解，而这种理则学把存有擅自归诸无限者（l'infini）之"无限定性"。这种见解显然与古代哲人之见解有违。因而，我能说的只是：同一律实在不适合用到"无限定

45

者"上去；这只为了一个简单的理由，即"无限定者"是无法被我们思考的。也可以说，当思想达到不能再在其上作用的境地时，同一律就不能再被应用了。所以这里有一连串可以区别的可能性：

A.——我们可以把同一律看成有限世界的原则，有限物相等于可被决定的东西（the determinated），而接受有一种能越过有限世界，以致不再受同一律约束的超越性思想的可能性（这一点还有待更仔细的考察）。

B.——我们还可以否认上述的可能性；断定在有限次序以外没有思想（以一切形式出现的相对主义）。这种见解把"不能被决定者"(the indeterminate) 与"无限者"混淆。

C.——最后又可以把上述的见解推翻，而把"无限者"与"不能被决定者"分开，看成不同的事物。换言之，即设想，或甚至肯定有一种绝对结构的存在，此种结构同时也是一个绝对的生命，这可以说是一种最实在的存有（*ens realissimum*）。这种见解认为：同一律将陪同思想作用一直到底，但后者不必从"可被决定之物"中出去就能拔高到了解有一个真实无限者之可能（un infini positif）。

"有存有"这个断言只在 B 假定中被排斥。这是说，如果一旦把存有看成"无限定者"，即谓存有本质上非这个那个，它就不受专司这个那个——专司能被限定物——之原则的管辖了。在所谓的特殊结构的次序中，我常处于假定的情况（l'hypothétique）。假定当 S 在某些尚须确定的情形中成为我的资料时（我们不应忘掉表象虽然并不存在也能成为我的数据的），我就能肯定说："它是"(il est)。或说：如果它是，它就是（s'il est, il est）。这个公式很不清楚，一点也不能叫我满意。我看不清楚了，我应当停下来了。

1929年7月31日

我们能把存有处理成结构的成分，好像属于或不属于某一类结构的限定（determination）吗？我觉得绝对不能这样看。就在这种意义之下康德很正确地否认了存有是一个宾词。那么能不能说存有是主词？

我不知道为什么今天不能在这条思路上继续思索下去。我们必须彻底消除一个看法，或貌真实伪的看法。这看法认为实物（du réel）在透过某种氛围（milieu）时产生折射，而表象就是这个被折射之实际物（le réalité）本身。因为不论用哪一种方式去考虑理念（l'idéal）——指"纯理念"——我们不能把它描绘成产生折射的氛围，即使只为了我们难以确定如此这般的一个氛围之本体地位的原因；实际上它是悬挂在存有与非存有（l'être et le non-être）之间。这里排中律（le principe du tiers exclu）的意义完全被彰显出来了，它又被实际物之程度和范围的观念所补充。我们是投身存有之内的，我们不能随意地从存有脱开；更简单地说："我们是。"迫切应当知道的问题乃是对着这个整体的现实世界，我们应该如何处身其中。

我相信昨天看到了一些重要线索：纯粹的现象主义是自相矛盾的，并且没有任何意义可言。否定存有论的态度必要把我们引入 B 的可能性中去，而把存有看成"无限定者"。这里我倒不再坚持说：如此一种看法仍是沿着限定的思路方式前进。存有论的反对者要说他拒绝从这个或这一个之次序中走出。而就在这一点上，我们应该勉力采取一个不动摇的立场。我模糊地看到下面这一点：把实有分成碎片（譬如说：这样东西存在，那样东西存在，等等）。如果要避免走向荒谬，走向一种颠倒的原子论的话，为使自己获得平衡应该包含唯心论对思想的一致性所作的断言，并且应当对这一致性之本质加深了解。虽然我尚不能指明，我相信如果某人接受思想在本质上是通向存有的过程的话，他就无法对一个支离破碎的实在论感到满足。将来我还要回到这点上来。

如果有人说："'有 A、有 B'，等等；但我不能肯定'有'存有。"这种说法在我看来是在表示下面的意思："A 参与存有，B 参与存有，但他们所参与的这个存有或许不可能被人称为'是'存在的东西。"很明显地我们可以察觉到，这样一个假设与同一律产生矛盾，因为它还是在宣称可能存有是没有的（上句"可能"两字为缓和语气，但并不改变多少内容）。难道这不是把存有处理成好似颜色、硬度一类之性质吗？这一样东西的表面是着色的，另一样的表面也是一样，但是我并不能循此而推论说："颜色存在。"只是颜色本质上显得是某种"混合物"（μίξις）的分子；或者如果你同意的话，用我的词汇来说，它是某个结构的分子。可是这种看法与存有完全格格不入。我们连一秒钟也不能设想：存有与另一样东西可以组成混合体。我们似乎处在一种应该比柏拉图更爱利亚（éléate）式的情景中而主张：严格地说：非存有（le non-être）不存在且不可能存在。这可能就在说：亚里士多德与托马斯很合理地把（存有的）范畴（la catégorie）与（存有的）超越属性（le transcendental）分开。这点至为重要。但是我们也该体认"参与"一词本身非常暧昧，甚至能令人误解，因为它不可避免地要引入一种对存有及其宾词，或其属性之间关系的混淆。[①] 存有论引起的一种怀疑态度，依我看来，是由于某些存有论者似乎把绝对无法特质化的东西（l'inqualifié par excellence）予以特质化和实质化（hypostasier）的结果。因此，我们不应当在下面两种态度中摇来摆去：一种是陈腔滥调（truisme），认为存在的就是存在的，另一种是谬论，它把存有归属于"无限定者"。（请参阅昨天的笔记）。解决之道难道不在于肯定存有之无所不在（l'omniprésence de l'être）吗？这或许就是我不适当地称之为思想"内存"于存有（l'immanence de la pensée à l'être）的说法。这是说，不是同时在肯定"存有"超越"思想"(la transcendance de l'être à la pensée）吗？

---

① 这点今日对我来说尚有讨论余地。（1934 年 4 月。）

1929年8月5日

我到现在还没有完全澄清我在 31 日所记下的最后一部分思想。肯定思想"内存"于存有不是别的，乃是与实在论者一起承认：思想一开始出现，它立刻牵涉某一样超越它并且它不能企图将之融入自己而不把其原来本质歪曲的东西。这种看法对任何接受过唯心论教育的人看来都是骇人听闻的事。他要问：怎样才能避免上述禁行的融化作用，怎样我才能不做一个把观念和观念指向之物（l'idée et l'idéat）同时包含在自己内但又溢出上述两者之外的综合行为？现在轮到我了，我也要问：假如综合行为是可能的话，它会不会超越推理思考（la pensée discursive）的限制呢？这里有很多叫人迷惑的陷阱，我们不能不对之产生戒备之心。

我颇愿意知道上面这些讨论能澄清多少参与存有之观念。我对这些数据感到的不对劲，一部分来自我对判别"存有"和"存在"之关系常有的困难。我觉得理所当然的是：存在常是存有之一种特定方式。我们应当考察是否这是唯一的方式。可能有一种只是"有"（être）而不存在的东西。① 原则上我认为颠倒过来讲也讲不通，除非只是在作文字游戏。今后我将会谨慎地用存在性的例子（exemple existentiel）来研究参与存有的问题。我上面对不可能有"混合物"的说法自然地可以适用在这里：我不能以任何方式说，这样的一个物体或这样的一个存有，由于它是存在的故而参与存在的性质，当它停止存在时，它就停止参与存在的性质了。②

可能错误之真正来源是这个。（请参阅 7 月 17 日、18 日和19 日的笔记）。我混淆了"想"和"想及"，而这种混淆有利于前者。然后我继续前进把从"想及"中呈现的存在处理成能被"想"所解释的特性。我对这一切反省都还不太清楚。我想"及"一物，想"及"一个存有；这里存在与想及它或他之行为相连，我想及它们好似存在着的，即使我否认它们是存在的。但如果我把存在从它们那里孤立开，我就对"之"思索，换言之，我将之处理成本质，更确切地说，我将之处理成"伪本质"（pseudo-essence）。这不是又为了说：狭义地看，没有存在的观念？因为存在是最后的界限，或说存在是思想本身的坐标轴心。

可是有一个困难还存留着：难道不是因为我以某种方式思考存在，也因之而为我自己对它构成某种观念，终于我否认这种观念是可能的？这实在是个"二律背反"（Antinomie）的矛盾。

---

① 我看到的最简明的例子便是"过去"。"过去"不再存在，但我不能轻易地宣称它不再"有"。

② 我要问："不再有"以某种一般意义来说，是否就是变得混淆不清，就是回到了"无限定者"。这里有路可循。

1929年8月9日

实际上我同意托马斯的公式：思想的结构要它指向存有，就如眼目指向光亮一样。只是这样一种表达方式相当危险，因为它势必叫人要质问：究竟思想本身是否"是"有的？这里作一个反省可能于此有用。

我思想，所以有存有，因为我的思想要求存有，它并不把存有以分析的方式包围住，而是使自己转向存有。要经过这个阶段是件非常困难的事。以某种意义来说，我只有在不存在的情形下才思考［瓦莱里（Valéry）的名言?］；这是说在我和存有之间有某一种隔阂。只是要看清这指什么而言倒不太容易。无论如何我觉察到在思想和欲求（la pensée et le désir）之间有紧密的联系存在。[1] 很明显地，在这两种情况中，"善"与"存有"扮演类似的

---

[1] 今天我再读这一段，我自问说，由于稍后我把"欲求"放在一边，而把"意志"和"希望"放在另一边，我对以上说法是否应该修正一下。如果把思想作一个分析，我们会发现：在思想中有一种对立或一种等级，与我在这里补充所说的极为类似。

角色。每一个思想都超越当下意愿（l'immédiat）。纯粹的当下意愿把思想排斥在外，就像它排斥欲求一样。可是这种超越活动暗示一个被磁极吸引的事实，一种目的论。

无日期

毫无疑问，加强对本体性的需求是当代思想最显著的特色之一。这里我们不以形上学技术性表达的角度来看当代思想，而是从另外一些次序的角度来看它；在这些次序中，观念得以把握只靠它所激起的意象世界，而后者并不能完全为它所同化或控制。无疑，严格地说，在这种情形里我们可以看到一个能为纯粹经验层次解释的简单事实，可能这种解释来自沾满社会学色彩的心理分析学。某些知识分子会轻易地甚至冲动地把肯定存有的需要与为对抗战后悲观主义而有的尚未升华的生活本能连在一起。这里有一种我不敢说是静观，而是对作修辞练习很有裨益的主题，这种练习不具任何深刻哲思的意义。事实上问题的关键——此问题不被大多数当代人士所提出——在于设问：究竟到什么程度，一种解释才真正具有排斥要解释之物的权力，或保证自己不受它损害的权力；因为一切信仰，可能甚至一切真实的断言，在纯理性主义者看来，都具有毒性。我不知道是否我理解错了，但我觉得以这种方式去看科学解释，那是说把科学解释直截了当地看成一种驱邪（un exorcisme），很符合人类心智的一种不健全的态度——这种心态是近代人受到实证科学的蛊惑而兴起的。

我还是回到在这些探讨的出发点所举的例子。价值判断，或更好地说，为本体需要所要求的形上鉴赏不可能依赖任何经验层次的条件——在这些条件之下一个相当仔细地被质询过的经验允许我们体认到这种需要逐渐明朗化并且不断地在增强——这种情形岂不是非常明显的吗？我们所谓的人的正常状态（这个名词老实说是空无意义的，虽然它确实带给我们一些抚慰和安全感）很可能绝对无利于真正深入的形上研究所企求及能激发的内在复苏。不论一个对所谓推理思想从经验中获得的补给所作的调查能抽取什么结果，最简单的反省都会立刻揭示某种心理病理学（psycho-pathologie）之错误。这种病理学之夜郎自大完全来自对认知内容和意识借之而把握这些内容的事实模式混淆不清。切斯特顿（Chesterton）曾很精辟地批判过精神健康这一概念，以及随这概念而来的一切赝造的新偶像崇拜主义。他的见地很有价值。所以我们不应有片刻的犹豫，去体察今日本体研究的复兴实有其因。此不外乎对重压在人们精神上的一种威胁有分外强烈甚至片刻不离的感受。是啊，要观察并记述一些具体例子实在毫无困难。但这类的观察不会带给我们真正的思想丰收。①

————

① 更确实地说，没有人能从以上所言中找出理由来减损本体渴求本身的价值。可是值得一问的是：是否对普遍威胁的尖锐意识是一件正常的事，而绝对不只是一个原则上（宛若有些人所想象）非常安定的次序意外地受到骚扰。终于我们应当说：当一个人愈觉置身于对自己最真实的存在有危险性的处境中的时候，他愈会感到本体需要之加强与加深。毫无疑问，这种看法非常切近从克尔凯郭尔到海德格尔一脉下的想法。（1934 年 4 月。）

无日期

　　我的生命和我。我能思考我的生命吗？当我要更确切地把握"我的生命"的含义时，似乎一切意义均云消雾散。我有一个过去，我也有一种对悸动之现实（actualité palpitante）有感而生的某种情绪。但这一切就是我的生命吗？我的过去，就在我思考它的时候，不再成为"我的"过去。

无日期

　　把存有看成信实（la fidélité）的场所。这一个骤然从我心中涌出之公式，给我带来关于某些音乐观念取之不尽的灵泉。这是深入存有论（或本体论）之进路（Accès）。变节本身便是恶。

1929年11月6日

　　我怎么能许诺——将我的未来作一约定（engager）呢？这是一个"形上问题"。一切约定都局部地是无条件的。这是说：它本质上要对在基础上建立此约定之处境中的若干可变的分子加以抽象。譬如我给 N 君许约明天要去看他：在这个约定的基础上，可能有一个我此刻具有要使他高兴的愿望，也可能因为在此时此刻我并没有预期什么要做的事。但很可能明天，即在我应当履行我的许诺之时刻，我不再感兴趣这个愿望，却相反地极其渴望一种我在此刻作许诺时根本没有想及的兴趣。因此我绝对不能对再次感兴趣这个愿望作一约定，或预先假定：如果一个类似的机会出现，我不会受其影响。更有进者，如果要把我的约定延伸到我对其内容能有的感受的话，我觉得此中有哄骗的成分。这种做法好似在肯定，在宣布一种我实际上会说出的谎言，当务之急乃是：在"约定"这件事本身及并不被约定所暗示却关及将来断言之间，应作一个明晰的判别。我们甚至应该说：暗示断言之约定内含矛盾。因为这样一来，此约定会降为有条件性的了："如果明天我还有要来拜访你的愿望的话，我会来的。"从上可知为什么约定有某种程度的无条件性：不管我明天的心境是怎样的，我现在亦无法对之有所预测，我还是会来！从此在我身上出现两种不同的"素质"：一种是我之所以为我之同一性，它在时间中不作改变，并具有对其所保证的事负责之能力；另一种是在我身上其他因素之总和，这些因素受到上述的同一性（或我之为我性）所控制。

在中心成分以外尚有外圈。譬如我的健康情况阻止我外出，那我就不能来了。很明显，在仔细分析之下，我们可以看到一种明暗可辨的关系存在于可由我控制和我无法控制的成分之间。因此只有一个能不把自己和自己所有的处境混淆者——能"识别"自己与处境之不同，相信自己能以某种方式超越不断在变动中之自我，并能对自己负责者——才能订约。此外，如果具有上述能力者只有一个较少曲折且内在较和谐的成长过程来作抽象的话，他一定比较容易对自己负责，这是非常明显的事。还该加一句话说：如果我真正了解我，如果我愈理会到我内在的不稳定，我愈不会轻易地订约了。然而在一切情形之下，有一种我们可以设想的现象主义必会坚称一切订约均为不可能，因为它把我与我当下的现境看成完全一致的东西：因此我怎么可能与另一个尚未存在，并且实际上我不认识的主体联合在一起呢？

订约的问题理则上走在信实的问题之前，因为从某种意义来说，我只对我自己的订约忠信不渝，这是说，对我自己忠信不渝。那么我们能不能说：一切忠信都是对自己忠信而已？这种说法有什么含义呢？为了逃避这个问题，会不会有把订约按等级高低作一排列的可能？会不会有一些订约本质上便是有条件的，而我只是以一种不合法的越权行为将它们"无条件化"了？例如对文学或政治意见有依赖性的某些订约。很明显地，一方面我无法保证我对雨果（Victor Hugo），或对社会主义的意见绝对不会变更，另一方面如果我许下将来一定要依一个届时已不再是我的意见行事的话，我的许诺必是荒诞不经的。我的人生或美感经验在某些范围中会发生不能预料的变更，这是不争的事实。因此我们应当探索是否有一些能被吾人体认为超越经验对之可能有的影响之订约。

让我们从这些反省再回到向一存有承诺忠信的问题上：没有人会否认，经验不单能影响我对某一存有所具的意见，并能影响到此人在我身上激发的各种情绪。这里我们不只在讨论某一种能终止存在的欲念（un désir），更是说某种同情感可能会变成憎恶和敌意的事实。

那么在什么意义之下，我能向他许誓忠信而保持心智的正常呢？这种荒谬性不是有些像一个决心只投保守党票的公民，即使有一天他参加了社会党，还该继续投保守党的票一样吗？如果这两者之间有所不同，那不同究竟在何处呢？这就是问题症结之所在。

我们在这个反省之前已经看过：除非至少有某种同一性隐约的保证，一切订约均为不可能。但是我们也不应该把自己局限于抽象之中。此处论及的同一性不能只是纯抽象的：某种意志的同一性。这个意志越是抽象，那么我越会成为一种形式的奴隶——这种形式要在我自己和生命之间筑起高墙。这种情形却不会在另一种情况之下产生，即在订约之根基处如果已有某种彻底的了解；但这不是很明显吗：这类了解只能在宗教层次才能有吗？今后我应当从此点出发来继续反省这类问题。总之，这种了解之对象应该是"存有"（l'être）或某一存有（un être）。

1929年11月7日

　　这里确然有一个非常严重的问题。我能不能限定我自己在明天还感受到我今天所有的感触？当然不能。我能不能强制自己在明天以我今天所感受的而明天不再感受之情绪待人处事？当然也不能。那么我们应不应当承认，当我向某一个人承诺忠信时，我超越了一切合法的订约范围，那即是说不再相合我的本性？或许有个解决办法，就是无论如何我要对我的言语忠实有信，并且在作订约时，我为自己设立了一个将来会帮助我实践的动机。这种解答能满足我吗？

　　似乎不能。因为首先我可以设问：如果今天我有守信的意愿，这意愿在多种原因之下到了明天会变得非常脆弱；那么我有什么权利把这个意愿看成常数呢？我之能如此做，只在我不把这个意愿看成一个单纯状态的条件之下。因此，我们应当把"感觉"与"理会到自己应践行的责任"分清楚：我可以没有这个附加的感觉，但仍应当遵守诺言。明天我可能不再有守约的想望，但我仍会想我应当践行信约。

这里我们还该小心不要落入形式主义或纯抽象的危险中去。会不会有人指出，说我借只被我自己所约束的说法来简化难题？还有别人的存在，以及别人对我失信所作之判断给我带来的惧怕。但我还是相信：我们有权利把这个因素加以抽象。因为有一些个案能表明，我的失信只有我一人知晓。

于是下面的问题又逃不了要再被追问：当我承诺时，我建立的一种联系究竟有什么特质？意识到自己受约束，可以说是确认一个事实，但这是什么事实呢？譬如说，我签了字，我应当履行——我确认这是我的签字。能不能说我在把只有社会性价值的因袭行为转渡到人的内心次序中去了？

我相信我们必须把这种乱真的解释搁置一边，因为它们只会把问题弄得更混乱。那么，究竟是什么东西使我设想我有履行签字承诺的义务？很明显，这一切反省就是为了保障签字的价值。在某一特殊个案之中，当我把这价值否决时，签字效力也不再存在（暂且不管我让这个案成为例外的意愿是什么）。但是，总而言之，这里一定有一种幻想，现在我亟愿将它澄清。

从社会角度看，如果我不守承诺，我无疑会受到严厉的处罚。那么，是否我可以只关心，且实践那些我一失信就会受到处罚的承诺呢？那么为什么不把我生命中有束缚性的成分减约到最小程度呢？请看这就是上类反省包含的一些漏洞。（总之，它在设法化约掉，甚至灭绝"无条件性"的角色。）

现在要考察我能束缚我自己的权力大到什么限度。这就触及昨天讨论的问题了。某一种"变化哲学"(une philosophie du devenir) 拒绝给我这个权力。这是最严重的问题。

我没有权力去订立一个实质上（matériellement）我将来无法实践的约定（更好地说，如果我是真诚的，我应当知道确实有这种情况）。"轻率"。

但是有没有一种不能被视为轻率地订立的信约呢？可以与支票作一比较。我知道我实有的资产数目。我的承诺之所以能成为合法的或有效的，就在于它不超过，或最多只达到我实有的资产数目。只是我们目前处于一种此模拟较不能适用的范围之中：在前面论及"无条件性"的成分时，我已经表明了这个观点。

现在我隐约看到的乃是：在极限处可以存在一种要求整个的我投入而订立的绝对约定，或至少由一种要否认它的话就会否认整体之我的实在性所订定；而另一方面，这类约定以存有的整体作它的对象，并且在这整体本身的临在前订立。这就是"信"（la foi）。很明显，在这种情况之下，失信还是可能的事，但不能以在主体或客体中发生一个变化来自辩，唯一解释之道乃是"堕落"（une chute）。这是一个值得继续被深究的观念。

另一方面我也觉察到下列事实：并没有纯粹无偿的订约，就是说，从存有哪一方面我不受到任何干预的约定。一切的承诺都是一个响应。一个纯粹单方面无偿的承诺不只是冒失，并且还被视为傲慢。

此外，傲慢这一观念在这一连串的讨论之中扮演一个首要角色。我觉得从头就应该指明：骄傲绝对不应该成为信实所依赖的原则。我隐约看到的乃是此点：不论外表怎样，信实绝不会是指向自己的忠实，而是牵涉一种我称之为存有对我所有的"把持"（la prise）。这一切我讲得很混乱。对这些散乱的观念，我还应当加以整理，并且予以更确切的说明，可能还该举一些例子。问题的关键是，如果要知道某一个订约是否有效，那么我们该不该考虑订约者处身的境遇（譬如说一个醉汉的誓言）。他的心灵必须是冷静自若的，能清楚地宣称他自己的判断是怎样的（不给自己保留在将来追悔的权利）。在这种情形下我们乃发现有一种极其重要的判断，它的位置就在订约之根基处。而这种判断并不把实在界对吾人所有的把持加以排斥。相反地，它对吾人的把持就是那个判断的基础。判断只是延长且承认某一个理解而已。

1929年11月8日

对真理之爱或尊敬把人带向信实。如果把这种（对真理的）爱看成是与自我一致的意志，那就犯了错误（这种错误与一个只向自己本身承诺忠信的骄傲非常相似）。换言之，我们应该小心别把理智（l'intelligence）看成形式之认同。在理性之根源上应当有一种对于实在界的把握。这种关联性叫我大为惊讶。[①]

我似乎也应该指出信实与对未来的完全无知是如何紧紧相连的。这是一种超越时间的方式，就因为它本身对我们来说已具有绝对的真实。在向另一存有承诺我的信实的时刻，我对于等待着我们的将来是什么，以及甚至从某种意义来说，这个存有在明天会变成怎样的一个人，都不闻不问。而就是这种无知（cette ignorance）赋予我承诺它的价值与分量。这种承诺并不涉及，也并不是对某一种（绝对地说）被给予的事物的回答。一个存有之

---

① 反省一下"活一天算一天"的生活方式会是怎样的。这将是把生活放入梦境，这是一种缺乏真实的生活。

要素恰好是他既不能为别人也不能为自己成为被给予的东西。我觉得此处我们触及一些重要的东西，甚至是用以界定人的精神性（la spiritualité）的因素（这种精神性不同于包含在欲望中的关系，若非生理的，至少是实际的关系：但我们不能把我们自己化约到刹那的片刻，或至少在那些我们只有功能性的存在的时刻）。

无日期

　　前些日子我曾向 C 君许下我要回到诊疗所来探望他——他在那里已躺了几个星期，在垂死的境况中痛苦异常。

　　在我向他作这个承诺的当下，我发现这个承诺实在是从我的内心深处向外跃出的。由于受到一阵同情怜悯的心潮侵袭而产生了这个承诺：他已不治了，他知道我也知道。自从我上次探望他以后，已经有好几天过去了，我当时向他承诺时的所有环境并未改变，对于此点我不能对我自己作任何幻想。我应当能够说：是，我敢肯定说，他的情形继续在启发我的同情心。但是我怎样才能对我内心感受发生改变作一辩护呢，因为自从我上次向他许诺至今并没有发生什么足以改变此许诺的事故？然而我必须承认我那天对他产生的怜悯心今日已不复存在——我现在对他只有一种纯理论性的同情。我还是判断他是个可怜的人，他的情形值得我关切，但是在那一天，我想都不会想到要作一个如此这般的判断。那时候并不需要作什么判断。当时我对他产生一种不可抵抗的关切心情，愿意尽我所能地帮助他，向他表示我与他在一起，他的痛苦就是我的痛苦。但是现时现刻我应当坦白承认，这种关切的心情已不复存在，我能力所及者至多只是伪装，向上述那种心情作一模仿而已，而对这种做法我内心感到极不舒服。现在我做到的只是观察到 C 君是个令人可怜的病者，孤苦伶仃，我不能抛弃他；并且我许约要回来。我与他之间有一个合同，我已经在上面签了字，而这张合同目前保存在他的手中。

我内心的这种沉默与从我内心深处径直冒出的同情呼声实有强烈的对比，然而它对我并不显得神妙莫测。从我情绪的韵律中我逐渐找到一种足够好的解释。但有什么用处呢？普鲁斯特说得对，我们并不能处置自己的一切；在我们的存有之中有一部分，在一种特殊的境遇下（可能是一种并不能被我们完美思索的境遇），突然向我们敞开；刹那之间，这扇大门的钥匙被交给了我们；几分钟以后，大门重新关闭，钥匙也随之消失。对这种境况，我只有以谦卑的悲哀加以接受。

然而前几天我所作的订约是否太出于无知，一种有过失的无知，对随后会发生的一切变化，心情之高低潮间歇的无知？是否当时我太自信地肯定了，隔天我仍会感受我此刻在病人床边深切感受到的同情？或者我当时并非如此自信，而只是说，过一些日子一个实质性的景况——我的来访——必会发生？应当怎么回答呢？我应当否决这种两者择一的说法。因为当时我并不向自己质询：那时我对那病人具有的怜悯心情是否必须在我实践承诺时像一泓激泉或音乐旋律般地凭空消逝。更不必说，我不可能许下明天我要有与昨天同样的感受。

然而，如果我暂时把那在转瞬即逝之片刻所有的意识搁置一

69

边，而寻找我承诺这一个行为之意义何在的话，我必会体认到：这个承诺包含一种判决（un décret），而此判决之果敢对今日的我来说颇为惊人。虽然我保留外界环境能影响我使我进入无法实践我的诺言这一情况的可能性，而我也承认——即使是含蓄地——我的内在心境或许并非不能改变，但同时我决定对这个终将可能发生之改变不予置理。在谁敢说"我"——谁把束缚自己之力量归于自己的存有（"我"束缚"我自己"）——与一个由无数因果缘结串合起来的世界之间（这些因果既不受我的管辖，又不受任何理性制裁），有一个中间领域；在这领域中发生一些不依照我的欲望，甚至与我所期望相反的事件。然而在我的决意行动中，我给自己保留从这些事件中加以抽象的权利。这种真实抽象之权力就在我所作之承诺的核心中：就是这种权利给予承诺它特殊的分量与价值。我要尽力把我的注意力集中在这个中心资料上，而不向那威胁着要压倒我的眩晕退让，当我看到一个深渊在我脚前裂开的时候：实际上，这对我同时是主人与奴仆之身体来说究竟是什么？我能不能既不说谎又不荒谬地将它驱逐到超出我控制的辽阔王国里去？但是我也不能完全把它包括到我宣称过属于我抽象的权力之下的领域中去。以下两种说法似乎都对：我对这些身体的变动既负有责任又不负有责任。这两种断言在我看来都很正确，但又都很荒谬。我不愿意在这一个问题上停留太久，只要体认到以下这一点就已足够了：借由某一承诺把我束缚起来的时候，我便在自己身上，在一个最高原则和某种其细节尚不能预料的生命之间，安置一种内在次序，但是这个原则只隶属于它自己，或更确切地说，这个原则本身会靠它自己的能力来保持它的尊严。

我不能不看到，我在这里提及的实在是古代智者最喜欢研讨的共同论点之一；可是景象却有了变化：往日被视为非常明显的事，对今日之我来讲，则取得了一个荒谬的外表。并且我不得不自问：这类判决从我周围大部分人都信从的一种崇尚诚实的伦理角度来看，是否呈现太强烈的压力？我用过好几次的"抽象"一词是否亦会自然地引起很多困扰？我如何能完美地把这种"专制"解释清楚？我如何以某种目前状态的名义对我的一些未来行为实施专权的统治？这个权威从何而来？是什么在要求获取这个权威？我是否在简化问题，如果我从我之现刻截分出一个自认能超越我之现刻之主体的话？这个超越我之现刻的主体遵循的乃是一种不能与"绵延"（la durée）相融的精神维度（une dimension mentale），而这维度即使在观念之中也几乎无法被我们设想。让我们再仔细审视一下，难道不是"现刻"（ce présent）本身在任性地僭取一种永恒的权利吗？可是如此一来，哄骗就植基在我生命的中心了。对于这个虚构的"永恒权利"，并没有什么相对的事实可以佐证。因此我似乎不可避免地撞到了下面一个两者间必须择其一的论题：在我投身参与的时刻，或者我只是任性地断定有一个并非由我的能力建立的我情绪的不变性，或者我事先接受在将来某一时刻中应该完成一个在我完成它时，它毫不反射我内心情愫的行为。在第一种情形中，我哄骗我自己；在第二种情形中，我事先打算好要哄骗的则是别人。

我是否要用以下方式来安抚我自己说，那里似乎有一大堆貌似微妙难解的问题，但在其核心却显得非常单纯，单纯得靠生命自身亦能轻易解决的。

我不能对如此懒惰的一个回答感到满足，尤其在此刻当我

是与有：形上日记（第二卷）

能想象到 20 个个案，其中所提出的问题虽是相同的，但它们所用的术语对最漫不经心的心智来说也备具严重性。向一具体的个人、一团体、一个观念（或信念），甚至向上帝宣誓信实，在这一切情形中难道不是把自己暴露到充满危险的困境中去吗？不论哪一种誓言，难道不是植根在只有暂时效能的心境中，并且没有任何东西可以保证它的恒久性吗？

当我这样思考的时候，突然之间信实的本质似乎盖上了一层厚厚的帷幕，我无法再了解奉献投身一词对我能具什么意义。而相反，一大堆自己或别人失望怨恨的回忆都浮现到我的脑海中，这些怨尤通常都是由于过早的承诺而产生的。这些都是偶然发生的事故吗？或相反，我们应当把它们看成是不可原谅的自负心理或行为构成的后果吗？我们必须支付什么代价才能避免这种情形呢？为了使我们保持内在的联系，是否我们应该闭眼不看由我们陈年累积之习惯遮蔽起来的既曲折又命定的生命过程（devenir）？承诺信实，不论指向哪一种对象，难道不都是实际上决心不理会自己内心最深处的感触，并且学会经常用一些伎俩来哄骗自己？简言之，能否有一个不是"出卖"的订约存在着？

可是，没有一种出卖不是否认信实的。那么，有没有一种基本的信实，一种最原始的联系存在，每当我订一个在某种程度上对我所谓的和我灵魂攸关的誓言（un voeu）时，我就会打破的联系，因为这里所谈之订约仅只是纯外在或社会性之行动而已；在这种情形之下，人只是可操纵的工具。这种最原始的联系就是某些我称之为对我自己之忠实。他们会这样想，当我把我自己束缚起来的时候，就把自己出卖了。我者，非指我之存有（mon être），而是指我的变化过程（mon devenir）；并非今日我之所是

72

者，而是明天我可能是者。这里，奥秘的浓雾愈来愈深了。我如何能对一个我今天尚不认识而只在将来才会真相毕露之我表示忠信呢？在此人们愿意使我了解的事难道不是下面这一点吗——为了这个我尚未认识之未来的我，我应当敞开胸怀迎受他，为了有一天当他要取我而代之的时候，他不会受到现在我尚是此时之我的抵抗，而在那时，此时之我已经不复存在了？人们要求我将我借出以玩好这出游戏，而不要我僵化我自己及采取自我防卫的态度。"信实"一词在这里非常确定地呈显之意义已面目全非了。它只指一种慵懒的默许，一种慨然的委弃（un gracieux abandon）而已。但是究竟是谁在规定我这样？就是这个陌生人，他虽然不被我认识，但他掌有无上权威之事实就因为他尚未存在吗？这个尚未诞生者真具有令人讶异的特权啊！但是至少他的权威应当被人认可才行！这样一来，我重新又堕入迷惘的黑夜中。因为我未来的存在借以获取这种特权的行为，实际上与现时的我分不开。所以，这是一个未来的价值，一个与我现时的状态牵连在一起的未来的价值，然而，却又与之截然有别，因为这未来的价值以某种委弃的方式操控着。我要向辩证之诱惑让步吗？我是否要承认是我现时的状态本身被否定掉，并且要求被超越掉？我们怎能不怀疑这种处理方法呢，因为如果我认可它的话，便意味着我不知道什么样的真理会超越变化的过程，并且还能作为这变化过程之基础？如果实情就是这样，那么要我毫不抗拒地把自己交付给我当下片刻情绪的流动，便不成问题。某种并不属于情绪流的东西，可能是一种律法；为了要控制这些情绪的反复无常。对我而言，就是要对这个律法，对这个统一体（unité）常常保持忠实。然而言语不能再一次把我拖拽到错误中去。这个统一体不是别的，乃是我自己。更确切地说，这是同一个，且是单一独特的一个原则——形式或现实物——坚持要求其自身固有的持久性。信实不再针对某种变化，那种变化不具任何意义，而是针对一个我觉得无法将之与我分别的存有，向它表达信实。这样一来，我就避免牵涉讨论一个愈将其特色明朗化愈会叫它失去光彩的明日空想里去了。

我终于找到了问题的线索没？我是否终于逃脱了两端论二律背反的死缠——此两端论似乎曾禁止我同时成为一个诚实和忠信的人？向我呈现解答的，不只是一个逻辑上的发明；一个十分简单的话语，便足以描述出我用来束缚自己行为的隐意。为实践承诺而获得荣誉，究竟具有什么意义，除非是在强调订约者与实践者这一主体具有超越时间之同一性（l'identité）？如此我终于有下列想法：不论我的承诺内容是什么，此同一性本身必有其价值。就是这个同一性，并且只是这个同一性关切维持我曾经因不智而心软并签下的某一特殊订约，虽然这种做法在一个纯旁观者看来是非常荒谬的事。不论某些聪明人如何向我提出抗议，不论我的朋友们如何向我表示不满，我既已许下了，我就一定要做到。或许我在实践承诺的过程中，我这种坚持的态度会成正比地加强，因为对我自己和对别人来说都似乎是一个赌注之完成。

如果情形是这样：信实将信徒连在一起的这个特殊对象，假设是上帝本身，仍然只是一个纯粹的偶然、某种借口，那么这个特殊对象便不会进入意志为了显出自己的有效性而与其自身构成的封闭循环圆圈里去。

我如何能把灵魂对一己光荣之依恋（attachement），与我一直称之为忠信的美德混为一谈呢？那种依恋只是自爱最枯燥、最僵硬、最易受刺激的一种形式。然而忠信的美德实在不是出于偶然：某些最不求崭露头角的人倒反而发散出不可否认的忠信的光芒。我从一个农夫或一个谦卑的侍女的面庞上看到过忠信的真正形象。什么东西可以成为把这两种心态混淆的原因，因为即使一个最肤浅的判断都会肯定它们是水火不兼容的？此外我怎么能看不到：一个以自我为原则、为根源、为中心的人对他人之信实（这是借着偷偷摸摸的换包所致），会在其设计之存在的内部再一次建立谎言？

如何能够走出这条死巷呢？应当重新回到在开始时我提出的问题上去，就是那个二律背反的两端论；尤其要注意有关对一个存有承诺的忠信。我应当拒绝非此即彼的论点：内在心境的持久性或行为之不诚实。而我又不能把结果完全置放在我自己意志之努力的工夫上。因此我必须承认："关系"本身包含某种不能更易性的东西（d'inaltérable）。我们还应该对这种不能更易性之本质加深了解。但是应该从什么地方出发去了解呢？出发点应该是"存有本身"，从对神之订约出发。

在超越的行为中有一个本体上的副本，那便是神对我的"捉握"（la prise）。我的自由也只有在与此捉握的关系中，才显出自己的真面目，并且才有具体的方向。

只要哪里有信实或忠信，哪里必会显出恩宠（la grâce）与"信"（la foi）之间的奇妙关系。在缺乏这类关系的地方，只能有信实的影子，或心灵强迫自己而生的一种可能有过失并且充满谎言之约束。

一个认为我在我的意识的状态（mes états de conscience）以外不可能碰到任何东西的哲学，必然会申斥排除人类知识之持续的低音——此低音乃指一种自发的和不可抗拒的断言。同样，不论表面上看来是怎样，信实绝不会只是一种骄傲和依恋自己的模式；如果这样做，那么必然地会把人们可能知道及经历过的最高级经验中之特点剥除殆尽。对联结以上两种"冒险"的相互关系，人们怎么强调都不为过。在此我似乎发现了一种光源，我觉得应该努力去接近它。但是我也相信看到，随着反省的同一个思路，如果在一种情景之中，我们可以把其论证反驳掉的话，我们必能也在第二种情景中同样做到。

我说我在意识的状态以外不可能抓住任何东西，是否我在偷懒地把这种知识（一个既令人失望又具哄骗性的知识，因为它无法自圆其说）与另一种知识对立起来，那种实际上并未给予但至少能在理念中体会，相反它会触及一个独立于构想某实体之人的知识？这种参考轴（axe de référence）虽然显得具有相当浓厚的想象色彩，但是如果没有它的话，"我的意识的状态"这一说法便空无意义，因为意义只在受限制的情形下才能被界定。整个的探询终于化解成下面这个问题：我怎么可能具有一个无法如此化约到在这假设之中的、我实际上享有的知识之概念；或者，同样，以及更深刻地，我们可以问：这个概念事实上是否在我之内可以被发现。万一我承认或许我并没有这样的概念，那就足够使我刚才企图传布的不稳定的理论立即崩溃。但是我极难了解：一个真实知识的概念，这是说，一种指向存有的关联（une référence à l'être），如何会在一个纯粹意识状态之内产生。如此，终于我从企图把我自己封闭在内的高墙堡垒中挖出了一条可资逃遁的秘径。从此以后我难道不应该不得不承认：这个概念之存在已经是另一层次（un autre order）在我身上印刻的不能除灭的记号吗？

对信实来说，也是同样一回事。在自我向他自己承诺的那种傲慢依恋旁，有另外一种信实的阴影，如果我能否认它之存在，正因为我对它已有所体会。但是如果从一开始我对信实就有所意识，那难道不是因为或在我自己身上或在别人身上，我已经隐约地经验过它了？我用了一个我已经不太相信的物体作为模型，来勉强地把人的实质（réalité personnelle）加以规划，这确实不是出于偶然的。至于上述"人之实质"的本色恰好是要我们以一种不断更新的努力，使自己在内在的紧张中常常保持连贯性和平衡。

此外，我能不能为我的做法加以辩解——对吾人借着它而愿意把一切信实之根源或关联集中在自己身上的步骤产生怀疑？我怎么能看不到：对事物抱这种冥顽不灵的轻视态度绝不可能是生命的中心经验（这种经验虽然为某些人显得并不明朗），而只可能来自一种成见，来自一种彻底的否定，借这否定，我把"真实"（le réel）放逐到千里之外，而胆敢窃夺"真实"的位置，并把我从它剥下来的特性加诸我自己身上；当然在过程中，我将这些特性也贬抑了。

除非付出如许代价，否则我无法挽救信实吗？我觉得或许最好的解决办法是把信实看成一种遗迹，一种应当借反省将之完全驱散的牵念阴影而已，而绝不该把如此这类的偶像摆设在我生命的中心。

虽然我不敢肯定这种关联能在每一种情境中均被体察，我却不能不注意到下列事实：在信实之最真实最纯粹的情境之中，它常常具有与任何可想象之傲慢完全相反的心态，从它的瞳孔深处反射出忍耐和谦逊。忍耐和谦逊，这是两个为今日大众甚至连其名都被遗忘的美德；它们的真谛也随着科技进步以及对逻辑辩证的强调产生的个人特性的磨灭而变得暗淡不明，如笼罩在黑暗之中一样。

但是，信实、忍耐、谦逊三美德结成一体，心理学无法窥察到它们的动态结构，因为这个组合体不会在一种把一切生死与共的投身行为的根基集中于"自我"的制度中存在，也不会在这种制度中被理解。

1930年12月16日

　　在音乐中有一种非表象式的表达（une expression non représentative）。它处在一种"被论之物"与"谈论之式"不可划分的次序之中。在这意义，并只在这意义之下，严格说来，音乐不含意义，但或许正因为音乐本身"是"意义。这个思想还值得探讨。

　　实际上我们把一种联结"演奏"与"表达"的关系引申到音乐本身上来，把"被陈述之内容"（?）与"表达方式"间的关系看作一样的，其实这是不合法的转延。从这一种角度看，所谓客观的音乐便具有意义，但只是消极的意义。

　　那么"表达"一词还能应用到音乐上来吗？当我们不再说"被表达之内容"（一个与表达本身有异之内容）时，怎么还会有"表达"之称呢？这里我相信应当借用"本质"观念来解困，虽然它并不容易界定。在舒曼的音乐中有其本质，在后期贝多芬和佛雷（Gabriel Fauré）的作品中也各有其本质。所谓"表达"——乃成为本质对它自己所具有的渗透性。我相信这是一个值得继续探究的观念。

再把本质的观念与宇宙的观念联结起来看一看。本质被视为某一宇宙之最高峰。这里我们几乎不可能把"高峰"这个譬喻再加以抽象了，倒应当把这譬喻的根源揭示出来。高峰之观念可能可以由"中心"之观念取代。在这两种情境之中都有一个圆周存在，更正确地说，有辖区存在，像自己的国土领域。

读朱利安·班达（Julien Benda）《有条理的演词》有感

　　我想探讨的，只是《有条理的演词》(*Discours Cohérent*) 中第一部分所呈示的原则，因为就目前来说，只有这些原则比较重要。

　　班达先生自认他很早就愿意建立一种完备的有关"无限"的哲学，更好地说，是一种超越的爱利亚主义 (hyper-éléatitisme)，为了在哲学史上第一次把巴门尼德 (Parménide) 的原则彻底加以演绎，将其所有的效果完全施展出来。理论上，我想我们可以将这类努力看成一种有趣的育智经验，并且可能是有所收获的尝试，至少可以凭借它所引起的反应，以及它对批评它者要求澄清他们立场的作为。

　　事实上，班达先生以对照的方式进行他的论说。焦点不是在两个观念之间的对照，而是在同一个中心观念，即"世界"这一观念的两个方面之间的对照。他说：

有时候我以现象的模式来思考世界，它就显得和自身相同，但有时候我以神圣的模式思考它，它就显得自相矛盾，但不论在哪一种情况之中，我思考的对象常常只有一个，即世界。

一个爱利亚人（un Eléate）——假定有爱利亚人存在过——如果念到上面的句子，他必会相信这是出乎印刷的严重错误；这是说他会觉得这里有歪曲句意的文序颠倒；因为，很明显，对他来说，以现象的模式来思考世界，就是以一种矛盾的方式来思考它。无论如何，这个爱利亚人可能会错，而班达先生很清楚地在这里讲明了他要讲的话。在《演词》的第一部分中，班达先生勉力指出：把存有想成一种无限的东西，这就是想它是具备矛盾的东西，让我来看一下他这样说究竟包含什么意思。他对我们提示的论证本来只涉及在时间中的存有，但他指出：这类的论证能够，并且应当将其适用范围扩大到存有的其他模式上去。

班达先生这样说：

当我从今日起推算到宇宙的伊始，要是以一个有限的数字来代表这段时期的长短的话，不论这个数字有多广大，这个时期都会接受一个更大的数字。因此我就想到，如果我能思考某一种计算存有的量数——它不接受从现刻直到其起源能有一个比它更大的数字，就是说，它自认是一个无限数——我就不能不承认有一种不受有限数字约束的计算时间的数字存在，那是说，有一个如此这类的数字 n，如果我再加上一个单位，我所得到的 n + 1，在量上与 n 并不有异。

我乃有具备下列特性之数字 n：

$$n = n + p$$

p 指任何有限数目。

　　从这个观点来看，可以说：我的时间与尤利乌斯·凯撒所有的是同样的时间。

　　但是我们应当小心不受上述公式貌似有理的说法迷惑；实际上这纯粹是一种滥调。我没有权利说我的时间与尤利乌斯·凯撒所有的是同样的时间，除非我为了说明，由于宇宙没有伊始之刻，因此对这个不存在之开始，我与它相距的距离并不比凯撒与它相距的距离多多少。实际上，班达先生避免这种太明显的说法，以致他给读者留下一个模糊的观念，认为这个设置在无限伊始还是存在着的。

　　如果说：我离宇宙伊始之时刻，并不比凯撒离得更远，那是因为这个伊始并不存在，也就是说：一项事件只有在与另一事件对照之下才能定位，但是由于没有可以称为宇宙伊始这一事件存在，因此不可能有任何确切的有关某一事件时间的计算方法。

　　如果我们不承认宇宙确实有其开端时刻的话，一切绝对性的时间计算均成不可能的事。但是班达先生宣称：把这个世界在时间的参照之下想成是无限的，乃是以某种方式把它想成在时间中不再有区分，即它已有之区分原来并无区别。我相信这里有一种相当严重的混淆。只要我们在有时间区分及有年表计算可能的层次上行动时，我们就不可能想这个区分已被取消，或可以被取消。

我们能够合理讲的只是：这些时间性的区分并不具有最后终极的意义，但只具有表面的意义而已，并且在某种脉络中，这些区分仍保有它们的重要价值。我愿意用一个明喻来解释我的思想。

一本书必定具有完善地编排好的页码。负责装订该书的工人不能不尊重这唯一的、不能倒转的次序。但另一方面，这本书必然也具有另一些远比页码更重要的一致性的形式。然而这种情形并不否决页码之价值，并嗤之为虚幻不实的。

年表实是宇宙的一种页码。如果说这类页码被置放在一个无限遥远的太初伊始的话，这自然会令人感觉荒诞不经。这将是用词的矛盾，更精确地说，这种讲法可以等同于不思考；然而另一方面不但有一条可行之道，而且是不可避免的思考方式，它要求我们从肤浅的表达形式（如页码）提升到无限地更深入的事物层次，而这类层次可能只能用其他方法来捉摸把握。

从这个观点来看，n = n + p 公式不具什么意义。我们唯一有权宣称的乃是：从某一角度来看，n 与 n + p 之间的不同不再提供任何教育价值和意义。而这是完全不同的事，并且不包含任何矛盾在内。

如此说来，那认为无限存有只在内含矛盾的方式下可假定为存有的说法，就显得像一种似是而非之说，可立即加以取缔。上述断言只能在下列条件中才能成为合法的，此即如果时间之区分能被思维同时保存与消灭；而事实上情形并非如此。此外，我们尚能指出其中所含之混淆还有很多呢！班达先生似乎把"未定者"（indéterminé）与自相矛盾者等同视之。但这是毫无道理的。

只有在对同一主体同时赋予互不兼容的特性时，才会产生矛盾。在这种情形之下，我们才能走出"未定者"之领域。未限定之情况实际上先于此双重的赋予。我们还能继续深入地批判班达先生的观点，尤其可以指出他这些从关系之整体来思考存有的观点，是没有根据的，因为从他的观点（即由未定存有之观点）来看，这些关系能构成整体乃是不可思议的事。很明显，他是在两个截然相反的存有学立场中摇摆而不自知。

我刚才提出的评论提前否决了他遵循这些原则所讲解的一切讨论的价值。在他的书中许多地方，尤其是第五章，我们可以非常明显地看到班达先生一直没有分辨清楚：仍然只是纯粹虚拟的"未定性"与存有圆满而丰盈的"超限定性"（supra-détermination）两者之不同。（在超限定性中，一切对立均消融化解。）有人或许会想：大概就在这超限定性、在这圆满之境处，是我们应该停步之处吗？情形完全相反，且让我们翻到第 621 页，这里班达先生论及理则的孤独（la solitude logique）或绝对者之贫瘠（la stérilité de l'absolu）。从他的辩证整体来看，我们不难理会到他所要说的乃是：一存有愈分化，则与被界定为始初未定者之神的距离愈增，就愈不可能回去。这样，一个我以后还要提到的事实便清楚地呈现出来：和班达先生最相近之形上学家——我谨向他致歉——不是巴门尼德或斯宾诺莎，却是《第一原则》之作者斯宾塞（Spencer），一个念过并注释过叔本华的斯宾塞。

现在我应当触及另一组难题：这次涉及的问题是在《有条理的演词》中出现的关于上帝的观念。在第五十九节中他说：上帝非他，乃世界以另一方式被思考之样子。班达先生对此还加以说明，他说，对他而言，存在的不是"上帝"（实体），而是"神圣

的"（解释世界所用之形容词）。这里出现了一个我不愿处理的不
依原则所发的问题，可是至少还可以问一问：谈及一个只是形容
词的东西的存在是否合情合理？可以太明显地看到：这里所谓的
存在只是此世界而已，因此说"神圣的"之为神圣的存在着并没
有什么意义。此外，我也不能逃避问题地说：此神圣的乃指此世
界被思为神圣的；因为如果这样，我将使它依赖于一个如此自称
之主体，然而这种依赖在班达先生的立场中是绝对不允许有的。

我们还要看到另一个矛盾之出现，如果上帝只是世界被我
（或被某甲）思考为纯粹之无区分体（indistinction pure），那么问
"上帝知道什么"这一问题还有什么意义？而在第五十八节中班
达先生写道："上帝既不知不安，又不知宁静；祂知道自由。"我
们马上可以反驳说这里所谓的知道并非狭义的知道。对了，在他
的论述发挥中，班达先生解释说：上帝的观念是与自由的观念相
连的。但是，在别处，知识一词却以习用的意义在使用着。事实
上，班达先生先提出可用两种不同的方式来思考未定者。第一种
方式是以符合现象世界的状态去想世界，最终转变成以神圣的模
式去想它。第二种方式却以神圣的模式来思考世界，一点儿也不
理会它之现象面。作了这个区分之后，班达先生终于宣称说：这
第一种方式可能是未定存有思考自己的方式，它一下子认识了自
己，而从不知悉另一种状态（第十节）。

这句话含义很多。"可能"两字，虽然没有改变其重要性，
却明显地把一种外加的混淆成分介绍进来了。如果未定存有可以
以某种方式思考自己，或说它有某种属于它的知识，那么无人可
以否认，这又是把未定存有看成了实体，而这种说法清楚地和在
第五十九节中作者所宣称的事实相反。

　　我想如果我们继续深入查看这个思路之进展，我们必会碰到新的且不可解决的难题。譬如班达先生宣称说：神的观念与现象世界之观念虽然不能相互化约，却是具有相互关系的。（第十三节）看到这些话，我们不能不问究竟在哪一类一致性（unité）中这种相互关系得以构成，如果不是我刚才提及之主体的话。这里终于出现了第三类存在圈的幻想，它本质上既非现象圈，又非在未定存有圈内，但是读者觉得班达先生实在无法将它的形而上或本体学上的地位作一界定。事实上，柏拉图和黑格尔对这些问题的探讨遥遥领先。问题不在于我们接受不接受辩证，而是辩证为非有不可之事实。班达先生抗拒这事实，那无异作一次思想上的自杀。或许这是一种只能允许反理性主义者可有的态度。反理性主义者有其权利拒绝辩证。只是如果他拒绝辩证，他必更会拒绝未定存有，因为后者只是此辩证本身最贫瘠的产品而已。

　　此处班达先生之思想对我显得好似一个可耻的反理性主义者的思想，畏于暴露本色，而从旧衣柜中找出一件最陈腐、最无式样的理性之袍加于己身。我想在这里我们触及了《有条理的演词》一书中最有趣也是最为秘密的问题核心了。实际上一切问题的焦点（此点班达先生并未提出），在于知道依据什么理由，班达先生把形上首要性归诸未定存有。我还要在这一点上追问下去。

　　这个问题愈来愈显得重要，因为班达先生与哲学史上所有的形上学家都不同，他拒绝把"无限"与"完美"等同。这一点其实在他论及次序和神的观念时早已交代过：

　　　　完美是一个与神本质完全无关的属性。完美事物的观念，这是说已完成了的事物与无限存有之观念本质上是不能相容的；相反，它必然地与被限定之存有的观念相连。

在他的论《次序之观念》(l'Idée d'Ordre) 及论《神之观念》(l'Idée de Dieu) 的文章中，他强烈地抨击最高存有这一观念，绝对不准把神置于一个等级制度（une hiérarchie）的最高峰，甚至宣称此等级制度与神毫不相干。我顺便要提一句，在以上两文中并没有绝对的协调，因为在次序的观念中，班达先生似乎颇愿意把无限之完美归属于上帝，但稍后，他纯粹地彻底否决此点。但我想这第二个立场才是他的真正立场，而我现在就愿意对它审察一下。

班达先生的无限神显然并非不完美的神，但是又不是完美的。这一点再一次点出刚才我提到的矛盾。我们愈轻易以为可以把上帝之名加在一个本质上是完美的存有上，我们愈觉得情况相反，不可能涉及一个不存在者且不完美的实在体身上，正因为祂是无限的。现在我要重新问我的问题：此首要性来自何方？无疑，班达先生必要去除"首要性"这个词，因为他必以为这样一个词自然而然地要重建他费尽心力要废除的等级制度。然而我却会简单地回答他说：上帝这一名字并非一个可允许任何人任性使用之名字；它包含了某些价值，而在此名之周围浓聚了某些特殊的情感（此处很明显，"完美"和"至高无上"(suprématie) 两个观念立即再次出现了）。我们又该设法知道这些价值是否能与班达先生对其界定之存有所具之属性相合。或许他会拒绝从这样一个角度来考虑事物，而把自己封闭在一个保留地区，单独一人与他的神相处。但是可惜这并不是他做事的方式，在该书第 475 页上他这样写道：

　　且不谈哲学家们……我认为那些简单的老百姓，那些只在他们心灵需要时才会问起神学的问题者，有（在许多其他与自己有矛盾的观念之间）——我以后要回到这个括号来讨论它——上帝之观念，此处区分和限制的含义都消失无踪，而这些区分和限制的情形，正是这些头脑简单的人民受苦的原因。我觉得他们似乎指出就在这些时刻，他们希望在上帝之内，我们的一切傲慢都得以消除。

　　等等……。

　　但显明的事实乃是：别的一些观察，别的一些有矛盾的，尤其是公义和仁爱，才是班达先生乐于提及的纯朴老百姓对神所有的基本观念。可是这位公义仁爱的上帝，这位只因其公义和无限仁爱而为上帝之上帝，非常明显地与班达先生所说的"未定存有"没有任何关系。而后者无法期望在这些简单的老百姓中找到什么同盟者，甚至一个也不可能。如果班达先生愿意确保其立场之最起码的连贯性，他是否应当承认他之上帝不具任何"价值"（此处价值乃以习用的甚至专门的意义来看）？然而，既然由于神非常可能根本不存在，我乃觉得不能不问他为什么不一劳永逸地把神彻底取缔。我想我们应当期望班达先生无论如何要交代一下他对价值的看法。我还是要把问题重提一下：可以加诸未定存有之价值的是哪一种类型的呢？这是我迫切希望他予以解释的问题。但就像我在开始时所说的，我非常怀疑他能做到这点。我相当肯定地说这一切都是一副面具而已，在这副面具后面躲藏着一个不愿把问题彻底澄清的意志。

对这种装模作样的怪态，我率直地称之为马拉美式的（mallarméenne）贫瘠，这是一种有意识的贫瘠，它不能忍受面对自己，因而把自己转化成一种在贫瘠中作用的意志，且以这种方式把自己神化。自我神化之事实在班达先生的著作中昭然若揭；我甚至要说这种现象在那里双倍地存在着，但这个现象马上把它自己摧毁了。因为该书描绘的古怪神学中有双重的过程：世界从神那里分隔出来，为了再回到神那里去。这两种过程都清一色地在班达先生的意识内进行，而后者却以某种方式在他的神和他的世界之间分裂开来。为结束这一段批判，我要加一句话说：我所弃绝的唯心论坦然地在这一类的理论中重新获得自己的补给，而这种理论若分析到底，便会显出它最贫瘠和最矛盾的真相。然而，暂时让我们承认上述异议都能被驳回，假定我们承认——实际上我最反对如此——这个关于上帝的观念是可主张的话，我们仍旧应当询问在班达先生的思想体系中，从神到世界之过渡是以什么方式达成的。这里我们要观摩一出不寻常的好戏。班达先生相信已建立起两种不可越界的思考世界的基本方式，其一是在矛盾的范畴下神圣的模式，其二是在同一性的范畴下以现象的模式来看。这一切是为了说明什么呢？为说明有两种互不交通的观念，两种我们无法从其一到其二之观念存在着，就好像我们不能从"蓝"的观念跑到"三角"观念一样。但令人惊奇的乃是班达先生自己也在不太明晰的状态之下，从观念之探讨转而进入事物之探讨。我们随后马上谈到他说的话：这个现象世界之所以可以被我们设想与上帝有某种关系，只在于它与上帝的分隔，而不是由于从上帝到世界之间有一继续不断之流出（procession continue）。但是事实上一点也没有与此处所述类似的问题。我认为这个分隔——显然地是一个非时间性之实现（un acte intemporel），与班达先生在前面自以为已建立起来的两种"观念"间之不能过渡性没有任何关系。"分隔"这一个太过具体的词汇对他尚嫌不足。因为在下文中，他立刻应用"憎恶"（aversion）一词，他已在为这词即将展示的情绪含义铺路。因为三行之后，他就提到了"亵渎"（impiété）。然而我相信借一个最简单的形上反省，我们就能看到这个讲法中有根本无法理解的内容，我甚至要说，含有没有思考过的东西。已被限定的存有怎样与未定存有分开呢？要了解其中关键只有借助新柏拉图哲学才行，后者认为绝对原则并非是未定的，而是超越限定之上的。这样一来，一切的限定都显得好似印上了贫乏的记号，但是在这些哲学之中，"未定者"，此即"质料"（matter），在流出之整体过程中只占有一个最低级的席位。可是班达先生不肯让这样的看法进入他的思想体系，因为他完全摒除等级制度之说法。终于我理会到班达先生把他所相信存在于被限定存有和未定存有间无法弥补的裂缝转到这裂缝无法改变其性质的领域中去。就在同一时刻，这个裂缝周围突然繁衍出许多班达先生誓称要除去的形上范畴来。这一切情形之根源，如果我们要追溯的话，应当推到班达先生切愿将他的体系建立在叔本华式的韵律这一事实上。班达先生最朦胧的意志一直受到某种模糊的辩证所控制，而把以他原有的形上立场要排除的一些很有活力的成分，引入他的大前提中，一面修改后者，同时也破坏了后者；这些本来亦是他极需要用来辩解自己充满自我意识之书生态度的。

　　写到这里，我们碰到了一个不可回避的问题：为什么不直截

了当地把这个未定的或无限存有抛掷出去，一劳永逸——此不定
存有有时显得像一个纯粹的非存有，有时却像一个仓库里边杂放
着各种货物，而现象世界又傻傻地愿意在其中设立一个等级制度
和次序？为什么不只保存《有条理的演词》一书之第三部分就算
了——这第三部分旨在给予读者一个斯宾塞式的宇宙观，并且参
照了（也因之而弄混了）叔本华、尼采和柏格森诸人之见解？为
什么不能建一种帝国主义哲学，而以一些传统的概念如生存意志
或权力意志作出发点？但是这样一来，对该书第四部分"论及宇
宙之回归上帝"将如何处理呢？顺便我们也该一提：该书第四部
分实际上是《作为意志和表象的世界》一书之附录，但这点无关
宏旨。我适才提及班达先生不能不在价值的问题上采取立场。事
实上，这个现象世界，就是说有区分、个殊化，且为帝国主义的
这个世界应受判决，或至少能自己设想已被判决。为什么"应
当"呢？只因为班达先生已写了《知识分子的背叛》(*La Trahison
des Clercs*)。有人会向我说："这简直荒谬，倒过来说才是真的。
班达先生写了《知识分子的背叛》是为了把世界重新带回到理性
那边去。"抱歉，我们要坚持我的立场。就因为有《知识分子的
背叛》一书，所以现象世界应当能够被思成已受判决的东西。现
象世界之能遭受判决乃因为有人把它想成与某一事物隔离了。此
"某一事物"是什么呢？我们无法说这就是"善"，或这就是"绝
对睿智"。我们只简单地说，这便是神。神之存在在《知识分子
的背叛》一书中遭到存疑的命运。有人可能还要同我辩下去，他
要说："班达先生之写《知识分子的背叛》一书，他是在应用及
引申《有条理的演词》一书中发挥的形上学。"我的回答将是我
一点也不相信这种论调。《知识分子的背叛》一书依我看来纯粹

渊源于一种气质的心理学，更好地说是一种严格的犹太人心理学。只是我们现在是处于一个一切断言都自承有其理的领域，这是为什么《知识分子的背叛》一书从地下室颇自然地取出一大批保护性装置，这就是我们放眼所见的一切，它自然地要按照严格预定好的目标而作用。但是人性之常往往是：那位发明这些装置者却是最后一个理会到它们的起源与目标的人。

1931年3月11日

　　把"仁爱"（charité）看成"临在"（présence），看成"绝对的自我奉献"（disponibilité）。我从未那么清楚地看到仁爱与贫穷（pauvreté）如此关系密切。"占有"几乎无可避免的是被占有。被占有的事物常常逞强。这一点值得我们仔细推敲。

　　在仁爱之中心必有临在，把自己当作绝对的礼物给予别人。这样一类的礼物不但不会导致施与者贫乏，反而会使他更富有。我们目前处于一种特殊的境界之中，此处适用于事物世界之有效范畴已完全不再适用了。其实，范畴一词，如果加以审察，是与"物体"（objet）概念紧密地连在一起的。如果我拥有四样物体（东西），而我送人两个，则我只留下两个，那我必然地比以前贫穷一些了。然而这种说法之所以有意义，必须具有下列条件，即我与这些物体建立了某种亲密的关系；我甚至认为它们与我同体（consubstantiels），它们在或不在都深刻而强烈地影响到我。

　　让我们再来加深体会"不能自我奉献"（indisponibilité）这一

概念的意义。我觉得这个概念非常符合受造物（万物）之为受造物的特性。从这个观点来看，我会设想为什么不可以把整个的灵修生活界定为，我们借以逐渐从我们身上减除不能自我奉献之部分的活动整体。事实上不能自我奉献与自己觉得，或自己认为不能自我奉献，二者密切相连。不能自我奉献与自我依恋（adhérer à soi-même）实在分不开，而后者比自爱更为原始，更为彻底。

死亡使不能自我奉献这一种心态绝对瓦解。

我深感这里包含了一个重要的思维反省矿藏。因为，任何人在此都会了解到必须作下列区分，即爱自己但不能自我奉献的自爱，以及爱自己并能把自己奉献给别人的自爱，这个爱是上帝在我身上所能施予的爱。这种合乎情理的爱，对照与之相反的情愫，即对自己之憎恨，则更为彰显其光辉。那种憎恨可能被笼罩在某种对死亡的欲求之中。不能自我奉献的问题也与自己只为自己的心态相关。这里有些东西，能让人有兴趣去推敲。

让我们来分析"不能自我奉献"概念。我觉得其中一直涉及的是疏离的概念。有一笔不能动用的资金，等于这些资金虽然被我拥有，但它们有一部分却与我疏离。这类解释在物质层次是非常清楚的事。现在我们要看看，如何用我今天早上指出的方式来扩展引申这个概念。我在这里想到一个典型的个案。有人向我述说一件要激起我同情的不幸事件，但我觉得无动于衷。虽然理论上我知道此人所说的非常值得我关切，但我还是一无所感。如果此人向我诉述之不幸在我眼前发生，那么情形可能很不一样。一种当下的经验会把我潜在的悲悯心肠释放出来，打开封闭的大门。奇怪的是：虽然我竭力想要感受这种在我看来似乎是"强加给自己"的情绪（我认为在类似的情境中觉得感动是很正常的事），但我仍是一无感觉，我无法随心所欲地安置我自己。或许我可以用驯服野兽的方法，用某种精神训练法术来逼使我产生类似的情绪，但是如果我诚实无欺，我不会上当，我清楚知道这只是一种劣质的仿冒。只有在两种人中，即婴孩和圣者，这种极难予以确切定义之疏离才不会发生。疏离的情形显然是与正常成长的经验有关的。这里我们可以与几年前我所写的配合起来看：没有赌注就没有生命；生命离不开某种冒险。我处世的工夫耗费得愈多，我愈体会到，在与我相干及与我不相干的事物之间会有某种自身看来合理的分配关系发生。我们每一个人都成为一个精神空间之中心，此空间中有许多同心圆；随着关系之减弱、兴趣之减少，圈子与中心的距离也愈大，自我奉献也愈呈困难。这种情形对我们显得那么自然，以致我们忽略了其中所形成的最细微的观念，最细微的表象。我们中的某些人可能在某个机会中有过这样或那样的邂逅（rencontre），而把上述的自我中心的个人地势格局打碎了；从过去的经验我能了解，一个偶然邂逅的陌生人，会在我心中涌起一股无法抗拒的吸引力，甚至会突然地把我所有的对事物的看法颠倒过来；那些本来似乎近在眼前的事物突然变得无限遥远，反过来说也是一样；然而这类经验往往是过渡性的，撕开的裂缝很快地又缝合起来。我相信这类经验虽然很使人泄气，有时在我们的心头留下一种苦涩悲哀的感觉，甚至有些讽刺性，却带来以下这个无法估计的益处，让我们突然觉察到我称之为"我们的精神空间"的偶然特质，以及它借以稳定自己所有凝结的结晶体之不稳定性。尤其在某些大德不凡的人士身上所实现的圣善表率让我们了解：我们所谓的正常次序，可能以另一个角度来看，乃是一个恰巧相反的另一次序之颠倒。

毫无疑问，从形上角度来看，说"我即是我的生命"是一个错误。这个断言所隐含的混淆，我们略加反省就能明察秋毫。然而这种混淆不仅仅是不能避免的，它甚至是人类戏剧化生命的根源，并赋予后者某些意义。这出戏剧会失去它的伟大，如果那位舍掉自己生命者并未发现自己的处境，处在那些使他觉得这个牺牲能够——或应该（如果缺乏信心的话）——成为彻底牺牲的情境（les conditions）之中。我们应当看清楚：那不只会构成危险，甚至造成严重的罪过也在所难免，如果有人没有听到某种要求他以彻底的方式、与我称之为世俗（profane）经验之正常情境一刀两断之召唤的话。我们能做的，至少是在思想上，能从超越的观点中认出这些情境所隐含的异常（l'anomalie），而这个超越观点是一个要求我们置身其内所采取的观点。

另一方面，我们难道不能主张：我们以一般意义来称谓的空间，实际上只是我之前界定之同心圆系统的一种翻译而已吗？但是如此一来，我们可以问：取消距离是否具有双重意义？它固然与空间之物理观念的改变有关联，但同时，它也废除了远与近的区别，使它们不再具有质的价值。这种情形似乎并不能在时间中找到可以比较的例子，这是因为过去，就其本身的定义而言，逃离了我们的把握，在它的面前我们会感到自己一筹莫展。甚至在这里我们还应该更深入一些，因为如果过去之物质性（la matérialité!）是不变的话，随着我们思考的观点的转移，它就会具有不同的价值和色彩，而这种观点会与我们当下的临在一起变化，也就是说，随着我们的行动而变化。（我举一个此刻我想及的例子：一个活在黑暗中度过一世的人，终于积劳成疾，可能满怀忧悒失望而死。很明显地他得依赖他的后人来展现他一生的成果，赋予他回顾此生取得的意义和价值。但即使这样还嫌不够。我们内在有些东西想要求，想让这些成果被认可，得到那些借其生命、借其一生默默的奉献而获得发展之人的认可。我们还要问，这样一个要求有什么价值？在法律上是否能讲得通？在现实的世界里可以置之不理到什么程度？这些都是不易说得叫人明白的问题。）

"不能自我奉献"——和随之而生的"不临在"——与对自我的挂虑（la préoccupation de soi）密切相连。这里有一种奥秘存在。我相信我们可以在其中再发现有关"祢"的所有的理论。当我与一个不能自我奉献者在一起的时候，我觉得跟我在一起的是一个对他来说我并不存在的人，于是我觉得我又被抛回到自己的身上。

我能不能把神界定为绝对临在呢？这点与我关于绝对援助（recours absolu）的观念有所关联。

1931年3月13日

不能自我奉献：被自己所占有。但是我们对于"被自己"这三个字尚应作一番思考。分析之下我们发现，从我目前所处之观点来看，在我被自己的健康、自己的财富、自己的情人、自己现世之成就所占有这几者间没有什么区别。由此可知，被自己所占有，就不是被一个特定之物所占有，而是被某种尚未界定之方式所占有。或许我们可以借由内在阴暗或闭塞的观念来了解。参考了我所有的最深刻的经验后，我想我已明白，在每一种情况中，我们都已被固定在某个确定的范围或区域内，处于一种本质上不确定的焦虑中。然而异于某种肤浅的反省，他们以为这类焦虑（甚至这类未定性）会在上述的固着中恒留。它的特征便是"紧张不安"（*crispation*），与在被划定区域中横行的"焦躁"（*agitation*）并存。其实，这种焦虑——这里我与海德格尔或克尔凯郭尔的看法接近——或许就是对时间性产生的焦虑，觉得自己被抛掷到时间中而有的苦恼。这种苦境含有一种对"不抱希望"的体验［托马斯·哈代（ThomasHardy）之诗中曾用过的字：
unhope］。这类体验一旦针对一个确定对象时，就无可避免地会
转变成"绝望"（*désespoir*）了。与这一切情形相反的，乃是可探
讨的毫无挂虑（l'insouciance）的心态。

如果以上所述均可成立，则"悲观主义的形上根源与无法自
我奉献之形上根源该是同一个了"。这一点应当与我针对喜乐和
希望所讲过的话连起来看。

我们必须重拾我曾提到过的事：这一宇宙之结构给予我们希
望；并且察看这句话的本体含意。

我们还应该自问，究竟这个既是价值又是实体之"你"是否
就是我所谓的我内在的自我奉献的能力。此外还要探讨，希望在
"你"的理论中的位置（何谓守信？何谓信赖宇宙?）。

刚才我提到的焦虑能不能看成是人类基本的不幸（disgrâce），
一种普遍的与料（或至少是可能的与料）？它最具体的意象来自
我在黑夜中体验过的恐怖——觉得自己被抛出去，一无所依。

此刻我又在想是否可以说明：各种不同的科技成就能否有力
地抵抗这种无能的状况。它们本身并不隐含我才提及的固着。"去
做"（faire）本身显示出有益于人的价值。但是这种态度很可能把
人引到我在别处讲过的对技术的偶像膜拜。

我们不能不指出至关重要关系的是："怕"与"欲"处在同
一层面，无法分割；但是希望却处在另一层面，这是斯宾诺莎所
未见，也是他智力无法逮及之处。（斯宾诺莎把"怕"和"希望"
并列而论之，而我们的自然倾向也叫我们仿效他。）希望之区域
也是"祈祷"之区域。

1931年3月15日

当我们对问题的处理要求得非常严格的时候，我们就会发现要界定希望之本质是一件极难的事。我要举两个例子：希望一个亲爱的人痊愈或皈依宗教，希望被压迫的祖国获得解放。此处，希望牵涉一些以自然次序来说不隶属于我们的事物。（它完全不在斯多葛派人士可以操纵的范围之内。）在希望之底基处，有一种叫我们陷于失望之处境的理会（疾病、精神沦丧，等等）。希望乃是对现实界寄以信赖，肯定在实在界中有克胜此危险之事物。我们在这里可以看到与希望相连者不是怕惧。后者将事物弄得更糟，是一种能使实在界变得无能的命定悲观主义，因为它否认实在界能够关切我们每人的幸福，并且认为实在界对我们视为绝对意义下之"善"也毫不予以关心。

今晚我对希望之本质有了我以前从未有过的了解。它所关涉的总是完整生活次序的重建。但另一方面，它也包含对永恒及永久幸福之肯定。因此它具有如下的特性：当在有形之物范围内的希望落空时，它就会躲进一个不会失望的层面中去。这点跟我很久以前对"无法证实者"（l'invérifiable）所作的反省能相联系。那时候我在黑暗中摸索，设法讲出我今天所领悟的东西。

即使器官完整——如我希望一个病人获得痊愈——也是最高级的完整性的预兆（la préfiguration）和象征。就此而言，我认为一切希望乃是对救恩（du salut）所持之希望；我们绝不可能把两者分开处理。可是在斯宾诺莎的哲学之中，救恩这一概念不具任何实质意义，在斯多葛派人士的思想中也是大同小异。只有在一个承认"有真实的损伤"的宇宙之中，才有救恩的位置。

现在我们必须指出：欲望之对象绝不是完整性，而常是享受的一种模式，就像怕惧之对象常是受苦的一种模式一样。然而，毫无疑问，救恩超越这一组对立。我得承认这些反省对我自己尚不算清楚明朗。

今天早晨我在想：只在能够接受奇迹之可能的世界之中，才有希望的可能。而今天晚上，这个反省的含义对我来说变得较为明晰。我相信这里我与克尔凯郭尔，或至少某些受他启发而生的思想是相契合的。

1931年3月17日

如果我的判断准确，那我要说，在希望和某种对永恒所作之断言间有非常密切的关系。永恒指一种超越的次序。

另一方面——就像我在《对当代宗教精神之丧失有感》中的看法——一个科技称雄的世界乃是一个把人导向欲求和怕惧的世界。希望之本色可能是既不直接应用科技，也不向科技求助。希望是手无寸铁之人的所有品，它是手无寸铁的人的武器，或更精确地说，它是一个与武器恰巧相反的东西，这正是它神奇有效之所在。我们这一时代对希望这一主题的怀疑论点，就在于毫无能力看到有一种与普通所谓的能力完全不同的力量的有效性。

就在这儿，我相信我们撞到了一个最艰难的形上问题，在这问题之中似乎含有一个术语的矛盾。我们不能不问：希望何以能有效力？但是这种提问的方式，已经假定了人们在无意识中已把希望看成一种科技，以一种不寻常甚至以神奇的魔术方式在操作。①

应当看清楚的是，这种真正效力，在外观上，与完全无效力相对应，只有在确实绝然无能为力的时候，才能够设想得到；那里不会出现伪装和拐弯抹角的情形（那是一种意识的状态，由于贪懒或卑怯而自我欺骗，误以为自己无能为力）。

我们能不能说，某一种活动——此词之意义尚须商榷——在经验的领域，也就是说在行动的领域中，发现无路可循时，改道而行，而摇身一变化成希望，同时也不失去在开始时它以某种方式获得的效力？这种状况与河水的流动在碰到阻碍时会改道而行的情形有些相似，我要说的是：希望之出口处并不直接坐落在这个有形的可见世界里。

我们或许可以从而了解，为什么一个手无寸铁者之祷告会具有更高更大的效力。

我非常明白一直到现在我只是围绕着问题在转圈子，我既不能不把这个问题"提"出来，又不能不惶然地"询问"，究竟"无为"和"不用科技"具有什么特殊能力。这样我们就进入了基督信仰之主要资料所引发的问题核心中去了，尤其是对恶的不抵抗。

我看到的只是下面几点，并且非常模糊：

首先，我们不再处于原因或律法之次序中，即不再在普遍通则的层次。"希望"不是一个原因，不像一个机器般地运作，我们绝对不能说："每次某人习修希望之德，他一定会产生某种效果。"这等于再次把希望变成一种科学技术，变成一种与它自己相反的东西。（我必须顺便指出，这类的诱惑实在非常强烈。）其

---

① 几乎不需要再说清楚，以上所述都涉及祈祷的形而上问题。

次，在某些情况中，"希望"之功效岂不是清清楚楚地显示在"解除武装"的价值上？这一点至少在不抵抗的层次是非常清楚的。如果我反对某种暴力，也就是说，我把自己放到与暴力相同的地方，那么我必然会使它火上加油，变本加厉。就此观之，我们可以确切地说：一切争斗都暗示敌对双方具有某种基本的默许，继续争斗是他们的共同意愿。这种情形只有在战斗完全不再像一场游戏，而双方都决心要消灭另一方时，才告终止。另一方面，这种要消灭对方之意愿激励对方，使它与自己相似。我们能不能说，消灭之意志只在假定敌方也有同样的意志时，才能替自己辩护？把自己看成合法的防御？如此一来，如果它遇到不抵抗，那就会立即消失，而完全地缴械……我赶紧补一句话，我绝不会由于上述反省便匆忙地、毫不迟疑地鼓吹，单方面的停战是合理的事。如果应该审察一下这个问题，我们应当询问，为什么从形上界转渡到经验界，在这种范围内会引发出如此重大的困难。

我觉得"希望"似乎具有一种奇异的效能，能以某种方式将其他的无力量置于困境；"希望"自称克胜这些无力量，凭借的不是与之决斗，而是超越它们。另一方面，当希望实在是非常脆弱，并且一点也不伪装脆弱的时候，换句话说，它更不能被视为某种懦弱的虚伪面具时，它之功效显得更为确实可靠。这种想法不可避免地会引起许多异议。譬如说，怎么从这点解释豁然痊愈这样的事呢？我们千万别忘掉：希望之出口处是坐落在不可见的无形世界里。希望一点儿也不与以下行为相似：一个行人走到某处发现路被阻塞，而必须取一快捷方式越过障碍再折回正路。

不必多作解释，读者就可明了，以上这些反省同我从前作过的"不能自我奉献"的评论，是可以相连起来的。当一个人越无法自我奉献的时候，他越不可能具有希望。这里我们应当提及整个现代世界具有愈来愈多不能自我奉献的严重现象。

今天下午我在想，希望之功效是否与它所假定的本体攫取（la prise ontologique）的力量本身有密切关系。（此点与我昨夜所写有关完整性的一段话也有联系。）但是我觉得，这类吸引人的解释，有点危险。老实说，我自己也看得不很清楚。使问题更复杂的因素，乃是"希望"显然具有"恩惠"和"功劳"的特性。这一点尚须有系统地加深推敲，但我还不知道应当怎样进行。

我们应当立即说明清楚的乃是，在那一点上"希望"超越了一个应然（sollen）的断言；它实际上是一种预言性的力量。无关乎应该是什么，甚至无关乎应该必须是什么。它只简单地说："将会是什么！"对希望所作的反省可以最直接地使我们领悟"超越"一词的含义，因为希望是一个跃动（élan），是纵身一跃。

它意味一种对可能性之计算的彻底扬弃，这是很重要的一点。它似乎随身带着以"假设"名义出现的一个断言：实在界（la réalité）超越一切计算的可能性，它好像愿意借着一种我无法阐明的秘密默契接触到在事物和事件底基潜藏的原则，这个原则在嘲笑人们所作的计算行为。此处我们可以引用佩吉（Péguy）和克洛岱尔所写的精妙绝顶的文句来加以说明。这两位作家接触到了我所发现的事物的最深层面。

在这种意义之下，"希望"不只是由爱所强加的一种保证（une protestation），而且也是一种呼唤（appel），一种朝向其本身也是爱之盟友的急切呼求。而在希望之底基中的超自然（surnaturel）成分终于呈现出来了，就像它的超越特征一样明朗，因为，未被希望所照亮的自然本性，对我们来说，显得只似一个巨大而冷酷地作统计的场所。①

另一方面，我也要问一问，我们在这里是否可以看到柏格森形上学的若干限制，因为在我看来，我所说之完整性在其中似乎没有丝毫的位置。对柏格森而言，救恩只在自由之内，但对一个基督化的形上学而言，自由却是为了导向救恩而具有的。我不能不重复声明：希望之原型乃是对救恩之希望。然而我觉得救恩只能在默观（la contemplation）中才能显出它的力量来。我不相信这一点是可以任人随意忽略的。

我今天下午写的关于不可估量的可能性的一些反省，叫我设想在希望和意志（当然不指欲望）之间应当搭起一座桥来。"希望"难道不就是一种意志，愿把自己作用的范围延伸到无限吗？这是一个值得深思的公式。就像我们可以设想世界上有一种罪恶的意志存在着，我们也能设想有一种魔鬼式的希望。可能这类希望就是我们称之为魔鬼的本质。

意志、希望、预言的视野，这三者都持有存在，并在存有内获得保证，超出某种纯粹客观理性的运作范围之外。现在我应该针对"失望"（démenti）这一概念加以深究。这个观念表达人经验中所有的一种自动地抗拒某一些东西的力量。

灵魂只在希望之中才能生存下去。希望可能便是构成我们灵魂的原料。这个思想尚须继续加以深究。对一个人感到失望，是否就是否认他具有灵魂？对自己失望，难道不是提前的自杀吗？

---

① 我们应当询问哪一类科学把人引到失望的深渊里去，并且这种科学到什么程度在判决它本身的罪恶。"科学与希望"之问题比起"命定论和自由"是更基础的哲学问题。我们应当再次检讨我从前曾提出过的失去救恩之观念（l'idée de perte），了解希望如何在本质上延伸到不可见的世界中去。（1931 年 12 月 8 日补记。）

1931年3月22日（一个忧闷的星期日）

时间宛若一个穿透死亡之深洞——穿透我的死亡——穿透我之沦丧。

时间，深渊。在时间面前我感到一阵晕眩，因为在时间之深底有我的死亡，并且它在把我吸下去。

1931年3月25日

　　我们应当放弃神的预知（prescience）概念，因为它曲解一切，问题并没有获得解决。一旦假定有个神谕事先存在，不论以何种意义，先于其涉及的某一自由行动时，就避免不了宿命论（la prédestination）。但是也不应该说成是视察，像昨天 A 神父在别尔嘉耶夫（Berdiaeff）的家中所为。神并不作任何"视察"（constate）。我隐隐约约略有所明。首先，不能把神对我的行为看成是一种客观性的与料（一如下例的情形：有人通过收音机的节目广播，收听到我说的话）。只有当我自己进入某种精神层面的时候，我才能领会一些上述状况。我对自己所述的尚不能清楚把握，但我相信这些反省相当重要。

1931年3月27日

我要用"同在"（la co-présence）来取代"预知"的观念。可是"同在"一词无法以"共存"（co-existence）一词来表达。我们总不能忘掉：上帝不是"作为（或说成）……之某人"（quelqu'un qui...）。昨天我一步一步地推敲"思维"与"了解"之间的区分。把某一个思想看成不含了解成分之思想，会不会是一种错误？在这种情形之下，思维岂不就是相信其有所思？

我们只有在自己所是之基础上了解别的事物。我认为只有处在某种精神境界的人士才能了解何谓"同在"。此处"你的形上学"和"不能自我奉献"之观念又相连起来。我愈不能自我奉献，上帝对我乃愈显得像似一个"作为……之某人"。[①] 这种态度恰好否定了"同在"。另一方面，我们还应注意，记忆也在这里扮演一个角色，记忆如忠信一样（忠信于被记住的理解行为，但

---

① 我觉得这一观点把无神论的根暴露出来了。无神论所否决之上帝实际上只是"作为……之某人"。

不是意志可以任意地使它活生生再现的）。

我要尝试把不能自我奉献这一概念与我从前写过关于"我体"的哲学放在一起对照它们之间的关系。

我把"身体性"（corporéité）理解为一种特性，只有当我把某一个身体看成属于某一人时，我才能把这个身体看成生活着的身体。

身体性好似是在"是"与"有"中间的边界地带。一切"有"都以某种方式对照着"我体"而获得界定。我体在这儿成为一个绝对的有，而不能成为在任何其他意义之下的一个有。有（什么），指能自由地处理（什么），具有对（什么）的一种权威。我看得很清楚，这种自由处理或这个权威常暗示，有一种有机体插介于其间，从而我们不能再无误地说我能随意地处置它。不能自我奉献之形而上奥秘的主要原因，可能就在于我无法真正地自由处理那允许我处理其他东西之物（即我的身体）的事实。有人会反对我说，既然我有自杀的可能，可以说我还是能自由处理我的身体的。可是很明显，这种处理我的身体的方式立刻会使我达到一个不再可能处理它的尽头；分析到底，两者同归于尽。我的身体是一种从绝对字义来看不能被我处理的东西，除非将之放入一种我不再有任何可能处理它的状况之中。这一种绝对处理实际上乃是报废而已。

会不会有别人要向我反驳说：在我任意移动我的位置的时候，我至少在支配我的身体了？可是明显地可以看到，从另一角度，在同一程度中，我把自己委托给它并且依赖它。

总之，比较清楚的是，我竭尽所能要重建一些条件，使我可以"认为"我能处理我的身体。但不太清楚的一点是，就在

"我"的结构中有某些因素，与我对立，有效地阻碍我在我体与我之间建立一种独特的关系，因为我体对我有一种无法抑制的侵占性，在我之为人和受造物之根基之处。①

---

① 我觉得我并未充分地发掘这些话语的内涵。它们对我来说也开拓了一个相当新颖的视界，针对一连串关及物理奇迹（le miracle physique）的晦暗问题，更好地说，针对把实现某种程度之内在美善（圣德）和在我们看来似乎是与超乎寻常（supra-normales）能力之作用联系在一起的隐藏着的关键。可能那位愈不自称能处置自己身体的人，实际上愈不是自己身体的奴隶。会不会这种自负（即自称能处置自己的身体）表面上看似乎是一种力量的记号，实际是一种奴役？这会引起很多后果。奇迹式之痊愈更应该从这个角度来查看。我们大概不会太离谱地去设问：自我委弃（s'abandonner）能不能令其后果（当然不指命中注定的后果）在我们普通含糊地称为灵魂与肉体之结合中产生崭新的变化？我们可以理解：一个内心激烈反抗的病人，固然他很自负地说愿意自由处置自己的身体，但他不能不同时理会到，他这片自负的心意被实在界不予置问，而立即发觉他是处于一种甚至是生理上的不能自我奉献的状态之中，他这种无能比另一位反过来委顺于一种高级力量的病人之无能远为彻底，不论他对这力量认识到什么程度。试图说得更清楚可能会是一种冒失，一种不智。这一切绝对不是说：病人把自己委付于神的行为自动地会使病状改善。如果真有这种情形，这个自我委弃的行为将会失去它的特色；更有进之，它会变成一种法术，因而变成与自己相反的东西。可是在这里，我们不是隐约地看到自由与恩宠如何奇妙地联合在一起？（1934 年 8 月补记。）

1931年3月30日

　　今天早晨反省"有"的问题。我非常清楚地觉察"有"常隐含某种同化（une assimilation）观念的隐晦意义（我只有某些变成我的东西，这是在某种方式下形成的，不论是何种方式）；这样一来，"有"也意味着对某一个过去的参考。另一方面，我们不能不把"有"与容器的观念联合在一起。只是我们应该看清楚：并非容器为"有者"，而是持有这容器之主体为有者。这一点是很难加以确切说明的。在"有"的根源处，有某一种当下的直接（immédiat）状况存在，它使某一样东西参与它自己的当下直接性（immédiateté）来。总之，我觉得昨天我称之为"身体性"者实是包含在"有"之中——就像身体性也含有我们称之为历史性（l'historicité）的东西。一个身体就是一段历史，更精确地说，是一段历史的成果和固定化。因此我不能说我有一个身体，至少按字义讲，但是把我的身体与我连起来的奇妙关系却是在我对"有"之一切可能性之根源处。

我觉得从以上的反省，我们可以抽取许多材料来处理我近来常在思索的、比较具体的问题，因为我发现了在"不能自我奉献"与"有"之间具有的密切关系。亡者指那个不再"有"任何东西的人（至少如果我们把"有"一词从能确定的意义上来看）。人们往往有这个诱惑，即认为"没有什么"等于"不再存在"（不再"是"）。事实上在自然的层次，生活的一般倾向是把自己等同于自己所有的东西。若然，则本体的范畴就会消失了。然而牺牲（sacrifice）之事实还存在着，活生生地向我们证明："存有"肯定自己对"有"具有超越性。殉道（martyre）若作见证（témoignage）之最深刻的意义就在这里。它就"是"见证。

我今晚作的这个反省极为重要。它让我以最具体的方式把握本体的问题。但是我们仍须注意，这种对"有"的否定，更确切地说，对"有"和"是"之间相关性的否定，不能与此否定悬挂其上之断言分开。这里我还没想清楚，我且在此打住。

无论如何，我领悟到：引领人走向成圣之径和牵引形上学家肯定存有之途之间有隐约的同一性。我还要说，就在这里，人类的考验，尤其是疾病、死亡的本体意义终于呈显出来。只是这种考验的特色，就是可能会被人误解。它要求我们予以解释和同化，而这两点恰好吻合我们的自由本身。[1]

---

① 我想我应当在这里指出：这些观点和雅斯贝尔斯的观点——我在当时（1931 年）尚未知晓——其间存在着基本上的一致性。（1934 年 8 月记。）

1931年3月31日

"受苦"，难道不是我之"有"被侵袭到，这时候我之"有"与我之"是"在受苦的构成上是同质的？身体受的苦可以看成一切痛苦之原型和根源。

从散步回来的路上，我在想"有一个观念"意味着什么。我觉得此处有一个难题。但我甚至想，这里所涉及的是一种在某生长体上进行的接枝行为["接枝"比"整合"（intégration）更恰当地表达了我想要说明的意思]。这个生长体如果不趋于把自己表象成一个容器，至少在它自己看来，像似被赠与而拥有了一个容器。

但是我们能不能想：身体性并不必然包含在这"生长体"或这"活生生体"的现实中？我们对身体的"绝对之有"（L'avoir absolu）（这绝不是某一种"有"），真是我上面谈及的"精神之有"（un avoir spirituel）的条件吗？这是我尚不能清楚明辨的观念，更好地说，我尚无法对这个问题用我自己非常清晰的术语来讨论。

然而我觉得毕竟我把从前常常思索的有关基本关注（l'attention fondamentale）的问题又找回来了。我所看到的乃是：我所赋予精神禀赋的优先权或至高地位，是透过模拟的方式来构思或想象的；是这种基本的优先性分辨出我的身体不是我的。在这个特权中，我的观念是属于我的，并间接地分享这个特权。把"有"与"是"说成宛若空间与时间在本质性上的凝聚，这样的说法是否有意义？我不确定。

1931年4月7日

我不会继续思索上面提出的观点。我清楚地看到的是，常常借着"有"，我忍受痛苦。那会不会因为实际上"有"是"多"（la multiplicité）。一个完全纯化的存有，即谓完全的"一"，不会是受苦的主体。[①] 但这种绝对的单纯能够实现吗？我觉得那里会有一种错误的神秘主义，一个会发生十分严重的困难的来源。

---

① 这项真理从未被历史上任何伟大的形上学家忽略过，然而它遮蔽了一些危险的暧昧。事实上，很明显地有一个不属于受苦的此边境域。我们可以设想，或更确实地说，我们可以领会：有一些太初级的、本质上未太分化的人，他们不会受苦。只是这样的人还算是一个"存有"吗？对我来说，我看得很清楚：一切时代和一切国家中的智慧之士邀请我们提升自己达到的一个境界，实际上与上述一致性没有任何相同的地方。究其实，其中区别与普罗丁（Plotin）在"一"与"质料"上所作的区别是同样的。可是由于言语非常不适合把这种区别澄清，因为它属于推理的范围，我们常能混淆真谛而构成严重的后果。如果我是诚实的话，我应当承认我不能不问这种混乱是否至少以某种程度破坏了某一种自律的修身工夫（ascétisme）。这里有一连串的问题要求我们以大无畏的精神抹拭一切传统的公式。我们绝不能忘掉救恩只能在充实中才能被享有，虽然我们也承认某一种富足，不论它以那一种方式出现，一点也无法把我们带领到救恩那边去，甚至叫我们远离救恩。只是此处的问题乃是怎样在"多"中开出一条路来，并且将之超越，而绝对不是逃避"多"而已。（1934 年 8 月记。）

1931年4月8日

　　形上学被视为一种驱除失望之魔的法术。有一种哲学明白地宣称它要同时驱除希望和失望，我指的是斯宾诺莎的哲学。我责怪他的主要原因是，他完全不了解人类存在的时间性结构。在这个层面上，柏格森的立场倒是无懈可击。今晚我对自己说，我必须反省绝对评估（une évaluation absolue）之必要性，即受审判之必要性。[请参考《上主之人》（*Un homme de Dieu*）一剧的结语。]

1931年4月10日

今天早上我清楚地看到，有必要用"我是我体吗"来取代"我是我的生命吗"的问题。我的身体一旦不能动弹，那只是我的尸体罢了。我的尸体本质上就不是我所是，即不能是我所是。（这就是通常在发讣闻时人们要说的：他不再"是"。）另一方面，当我摆出我有一个身体的姿态时，显然我正想方设法让这个身体不要动，宛若要把生命抽离身体。我现在想问，"有"之为"有"是否总是意味着某种程度的抽离生命，确实与一种初期奴役的情形相符合。

困难乃是如何理解，断言"我是我的生命"，并无法可据地得出结论："我有我的生命""我有生命"，其中可能触犯的形上学谬误。我想，这个看法可以回到我上次在3月27日所作的反省。绝对地说：我不能支配，此处我不说我的身体，而说我的生命，除非将我放入一种自此之后我再也不能将之自由处理的境况之中：这是不可挽回（l'irrévocabilité）的时刻。这种情形不但在

119

自杀和为别人牺牲性命的个案中十分明显，而且实际上在不论哪一种行为中实现（acte）都是一样。

但是"不能挽回性"这个概念的意义，还必须仔细审查并加以扩充；不然，在自杀和为别人牺牲性命之间的区别将成为不可理解的甚至无法想象的。这个区别的要素就是希望。不可能有也不会有一种没有希望的牺牲。排除希望之牺牲是一种自杀。这里出现了"无私利"（désintéressement）的问题。不过问题在于，把"无私利"等同于绝望，是否合理。必然有人肯定会说：在我"为我自己"而希望的情形中，"无私利"的问题一定不会出现；而只有当我把希望寄托在必须放弃自己的命令或事业的利益上时，才有所谓的"无私利"问题。只是我们可以不冒失地再问一下，究竟这"为我自己"的意义，是否如其显示般那么明朗，或它之所以如此，只因别人自然地认为如此。这里必须按照我在3月15日作的反省方式来进行。我们将会询问一下：这种"为己"而希望的本质究竟是什么，更深入地问：此存在于牺牲中心的"为己"之本质究竟是什么。①

————
① 甘心为革命或其政党而死去之革命者把自己等同于他为之放弃自己生命的事物。此处，政党或革命是他成为"比我自己更为我自己"的东西。这种遵循与认同在他的行为中表现出来，使他的行为具有特殊意义。有人会说："可是它并不想看到他为之牺牲自己事业的成功，也不想去享受其成果，因而放弃一切补偿和酬劳；基督徒却是另外一种例子，他们设想自己会亲身参与他们为之实现作过贡献的胜利，而他们自身也会以某种方式成为其牺牲的受益人。在这种个案中我们就不能再说无我了。"但问题的关键系于确定究竟哪一种价值我们可以付诸一个行为，借此行为我使我称之为自我毁灭的事实提前出现，然而我却勉力筹备随此行为而来之事项，又宣称说我并不享受它们。此处似乎充斥着幻想和错误。我说我不会享受它们；然而至少以某种方式我提前了这种享受。这种享受至少是我期待的对象，也是自我毁灭的对象。更有进之，很可能这种享受是我唯一期待的事情，因为我之毁灭按其本质来说只是空无，如此（转下页）

第一编　形上日记（1928—1933）

（接上页）则不能被我提前预料的。并且，思考我不再存在往往能增加我的享受感，把一种傲慢和虚荣的成分渗入其中，令它更为刺激。然而此处迫切的却是我现时刻的实际状态，而绝对不是要知道事实上我死后尚生存与否。从这个观点来看，我觉得这种自夸式的无我含有一种能破坏它骄傲的成分，更好地说是挑战的成分。我怎样去和那个要绝灭我的敌对实在相遇呢？首先我瞧不起它，然后我又宣称我自己有助于它的构成。同我们平时所想的恰好相反，没有比这种更谦虚的态度了，也没有比这种更包含傲慢的自称了。可能辩者还要坚持下去。他会说，譬如一个革命者不相信他死后还会生存，正因如此他承认自己并不重要，而他的人格也并不重要。我相信实际上这里有一种我称之为他的道德重心放错地方的情形。使他作自我献祭之原因原来只是一个使他把自己的人格绝对化的因素。他们还会说："由向望酬劳启发的牺牲不能称为一种牺牲。"这是真的。但是把有信仰者的牺牲看成是一种算计的结果，这种心理分析显得多么幼稚与错谬！因为他们的牺牲是由希望和切爱之情所激发的。后者一点儿也没有减少前者的价值，而且恰恰相反。没有人能支持相反的看法，除了那些死守康德伦理形式主义的极端分子，他们甚至会根除实际理性所假定的东西。此外一切情形都在驱策我们如此思想：在没有对神和近人有情感的地方，只有私情，只有自爱。这是一种不具任何内在价值的狂妄态度。我也乐意地承认，有些宗教书籍的作者不由自主地把这些基本观念弄得混淆不清，因为他们似乎要建立功劳的计算说法，以致破坏了献祭的纯粹性，此即神圣的自我献身（consécration）。我相信只有把彻底献身者的经验公开于世之刻，我们才能排除这些世俗误解。我们那时会领会到：彻底献身的人都同时具有一种不可战胜的希望，后者启发他们引导进入与他们的上帝建立的更密切与更完全的关系中去。确然，希望没有任何理由——恰恰相反——去想如果抑制这种吸引，会给自己赢得什么功劳。正因为希望知道自己没有什么内在价值，而在自己身上所有的一切积极美好的事物都是从上帝中获取的。轻视自己就是轻蔑神的礼物，以致犯有一种最严重的不知恩的罪过。一个拒绝相信被自己的父亲喜爱的儿子能呈现出什么价值呢？当受造之物把自己看成某些权利的享有人，把自己看成债权人时，错误就要发生了。这种情形不只颠倒次序，并且有一种根本的堕落。只是我们不该忘记无信仰者也往往把自己看成一个无钱偿还神的债权人，这是另外一种形式的严重情况。我觉得这里有一个标准要素，使我们判断出永生信仰是否具有一个宗教价值，整个问题在于知道它是否和信和爱的行为相似，或和一个值基于只关心自己的傲慢心理相似上。（1934 年 8 月记。）

1931年4月12日

现在我重新要讨论我的关于本体冒险（l'enjeu）的观念，讨论生命中具有某种不属于生命层次之冒险。很明显地有一类绝对无法证实这个观念的经验。冒险之特色就在于它能被我们否认。但是还可以问一下这个否认本身有什么意义。

我很喜欢把这个冒险称之为灵魂。灵魂之本质能被拯救或失落，就因为它是一种冒险。这是很不寻常的事，并且很明显地与下列事实相连，即灵魂不是一个物体（unobjet），而且绝对不能被视为一个物体。某物的失落或保存（此处说"得救"没有意义），就其本质而言，只是一种偶然。对物体的本质的思考，可以不受物体是否失落的影响（譬如说一颗珍珠）。

我们应当把这些反省与我从前写过关于"有"的内容放在一起探讨。

一方面，我的灵魂向我显示，像"有"那样所含蕴的关系（?），一点儿也不适用我的灵魂。在世界上最不能与它相提并

122

论的就是占有品。

另一方面，可能的失落，则与一切占有相反，是招致损失的那部分。不过，灵魂看来最不能被失落。

这个表面上的矛盾使我们觉察到，与"失落"观念相关的歧义性。我们能不能说在"是"的层次上有失落（就在此义并在此层次上，灵魂是能被失落的）①，在"有"的层次上也有失落，这与物的本性有关吗？但同时我们应当看到——这点至关重大——在"有"的层次上，每一次的失落都对我所谓的灵魂者构成威胁，并且会一不小心转变为一种在存有层次上的失落。这里我们又回到了绝望的主题及我关于死亡所写的一切（3 月 30 日）。

我的生命。生命能对我显得实实在在的毫无意义之事实是其结构不可分割的一部分。于是生命对我显得好似纯粹出于偶然。

---

① 在存有层次上之失落就是所谓的灵魂的丧亡（la perdition）。然而我们应当承认这种确定字义的方法并没有充分地解释那原是异常复杂的事物真相。为把它看得更清楚一些，读者自然应当参考我在讨论希望时所作的有关"完整性"的解释。我们总不能说重复太多了，希望只有在失落成为可能的地方才能生根，而指出关于这方面没有必要在所谓的生命层次和灵魂的层次间作一个区别，这是一个非常有益的判断。希望一个病人痊愈和希望一个浪子回头，都是非常合法的事。在这两种情形之中，与希望连起来的乃是某种偶然被颠倒之次序的重建。我们还可以走得更远，找回一件失落的物品也能给人产生希望的机会，这种说法也可以说具有意义。然而我们可以清楚地看到这里有希望的降级，从最热诚、完全植根在神内之希望降到最自私最迷信的希望。如果我们追索这个降级的思路轨迹，我们会发现不少乐趣。顺着这条思路前行，我们会清楚地看到：当"失落"这一观念愈是指向"有"的层次时，它激起之抗议愈显出一种对权利要求补偿（une revendication）的特征；同时那个提出抗议要求补偿者的态度愈远离我适才界定的希望之纯粹境界。总之，真正的希望可能常是等待从一能源（我们或许无法清楚地给他的能力作一界定）流过来的某种恩宠（grâce），由于他之慷慨，我们觉得无法划定界限。希望之焦点集中在对这慈惠能力所有的感觉上，相反地追偿权利的精神本质上常是绕着自我意识和自己的名分而旋转的。（1934 年 8 月记。）

但是那个发现自己莫名其妙地被赠与一个荒谬的存在的"我"，接受了一个与礼物完全相反的某样东西的"我"究竟是什么啊？他无法抗拒地必要走向否认自己的道路：这个生命不可能由任何人所赠与，它实际上也不属于任何人。无疑，这种彻底的虚无主义只是一种极端的立场，一种难以站稳的立场并且含有一种英雄主义。可是我们在这里又遇到了一个极大的矛盾，因为如果这个英雄主义一旦被觉察到它是如此这般的话，它立刻会把主体重新建立起来，同时它把已被它否决掉的意义重新归还给存在。事实上它至少表现它有下面一个价值：成为否认它之意识的跳板。为了使原先的立场得以保持，虚无主义最好留在阴影之中，把自己还原成一种自我麻醉的方式；虽然它能具体地以许多不同的形式来表现自己，但它实际上还是把自己的主要特征保留在自己的同一性里比较稳妥。

有人或许会反驳说：拒绝给予生命一个冒险并不必然陷于这种麻醉的境地，好像乐于退为被动分子。但是就因为把生命看成绝对的东西（看成与其他事不必有关系而存在的东西），所以能使人觉得：如果某些条件不得实现，他会想，至少自己有权利摆脱它。此处各项资料愈趋复杂。实际上生命等同于某种充实和内心繁荣的意识。当这种充实和内心繁荣的情形不再发生时，这个生命就失去了它成为内在地有价值的理由。而我有了借口说除了将我灭绝之外我一无可做的事。这个"我"究竟是什么呢？这个"我"就是我的生命；这一次，我的生命挺立起来反对它自己，自以为有不寻常的灭绝自己的特权。从此，自杀的思想似进入一个没有冒险的生命中心里（就好似在一个没有交换过婚约，并且没有在任何证人面前成婚的结合，常能诉诸离婚为解决同居时期发生的困难。我认为这个对比的含义相当深奥，值得深思）。[①] 在那里甚至找不到对赞成自杀论点纯粹合乎逻辑的反驳。没有什么能强迫我们思考去冒险的念头，实际上也没什么会阻止我们自戕。在此我们处于自由与信仰共同的根基。

[①] 我再强调一次这个对比值得深思。它本质上可以照亮基督徒对婚姻不可分解性的了解。或许在沉思这项关系的时候，我们逐渐会澄清下列事实，即对一个有关自由和忠信的形上学来说，婚姻的联系具有属于它自己的实质内容，像我们所称的灵与肉的结合一样。为了诚实起见，我不能不承认如此这般的想法使我有一些不安的感觉，因为我无法妥善地调和经验的教训（我姑且称之）和形而上及神学层次的要求。（1934 年 8 月记。）

125

1931年12月9日

　　我再回到希望的问题上来。在我看来，希望的可能的条件与绝望的条件全然一致。死亡是绝对希望的跳板。一个世界缺了死亡，这个世界的希望也只处于潜伏状态中。

1931年12月10日

在读完 L 所写的检讨唯心论之杰出著作后，我给他写信说：把希望看成欲望就如把忍耐看成被动性一样。我觉得这点非常重要。忍耐：今天早晨我想及科学家的忍耐。但是它不也和猎人的忍耐很相似吗？把真理看成猎获品就是把真理看成被我们征服的东西。实际上，真理之形上问题难道不是为了知道，究竟在真理之内是否有某种成分，拒绝化约成对吾人管辖的屈从？

与 M 一席谈，得益匪浅。他建议我去阅读《旧约·约伯记》(*le livre de Job*)并且向我推荐有关《训道篇》(*l'Ecclésiaste*)的一本稀有的批注（《训道篇》是一本上帝指示在哪些条件下可以度过一种有智慧生活的书）。他给我引用圣嘉耶当（Cajetan）之话："寄希望于神不是为了我，却是与我。"(*Spero Deum non propter me, sed mihi.*)

我曾说过，纯粹出自基督信仰之希望所包含的"永恒"观念，完全不同于隐含在"既无希望又无惧怕"(*nec spe nec metu*)

智慧内的永恒概念。M 还建议我去阅读圣十字若望所著有关希望的篇幅，一如我所担心的那样，他并未超越希望。我表示我所关心的是，何以说预言（la prophétie）只在希望的领土中，而不在科学的领土中才能可为。希望与预言有共同的根源，此即"信仰"。

刚才在我散步的归途中，我想到几种比较粗浅的希望形式：希望中头奖。抽奖和保险从其经济词义上看确然有其重要性；切愿不受意外事故侵扰（意外事故被看成是一种成分，如冷或热）。我们也必须审察一下，如何在祈祷中使希望得以具体成形。我对M 说："从外面看，忍耐会沦为被动，而希望则化为欲望。"我又说："希望，或是会变质而堕落，或是会失去自己的内容，或是它的本体效用愈显贫乏。"目前我注意到的一个问题是，难道没人反对我的看法，说希望是与生命密切结合攸关生死的要件吗？我想我的回答会是这样：如果有这种情形，那要看生命被看作具有本体性到什么程度。这倒是一个不易解决的问题。它可以成为一个被问的问题。我觉得在生命与希望之间，有灵魂夹在其中。①

---

① 请参阅 1931 年 4 月 12 日我所写的附注。我想当一个具体的人被我看成"你"时，我不能不给生命一个"具有魂灵"（animique）的名号（这个名号非常别扭，可是我想不出别的）。我们如果把生命和灵魂分解开来，我们不可避免地会想把它变成本质，而这是以一种乖巧的方式将它出卖。［请参考我的剧本《明天的亡者》（le Mort de Demain）中安端讲的一句话："爱一个人，就是同他说：你啊，你不会死。"］（1934 年 8 月补注。）

1932年10月5日

　　我重读我所写的论《生命之价值和本体问题》，以及论《存有作为信实的场所》(l'être comme lieu de la fidélité)。这些文章字里行间包含了我最近形上思索过程中的主要发展。此处最基本的论据乃是，面对整体观点下的生命，我可以采取立场，我可以拒绝，我可以绝望。在这个关键处，我想我们应该完全排斥那种认为是生命本身在我身上否决它自己、拒绝它自己之解释。这是一种莫须有的，且是毫无意义的解释。让我们至少在开始反省的时候，满足于我们已经知道的论据：我赋予生命一个价值。实际上，是在这个价值层面，而不是在知识的层面，主体面对客体。我要补充的是，这里其实并没有一个单独的行动，可以或不可以接续进入我的生命。对人而言，活着即是接受生命，向生命说"好"；或相反，把自己投入一种内在斗争的状况之中，表面上所作所为似乎在接受什么，但在内心深处，却拒绝或相信自己拒绝它。这一点应当与我在他处所写的关于存在的东西连在一起了解。

失望之可能性是与自由相连的。自由之本质乃是能在使用自己的时候出卖自己。在我们以外的任何事物都不能把失望之门关闭。道路是开放的。我们甚至能说：世界之结构是这个样子，叫我觉得绝对的失望实在是可能有的情形。有人会说连续不断发生的事件，在在都在劝说我们把自己坠入深渊中去。这是很重要的一点。

信实是对一个恒常的东西之认识。此处我们已超越理性与情感之对立关系。尤里西斯（Ulysse）被欧迈俄斯（Eumée）认出，耶稣在走向以马忤斯（Emmaüs）的路上被门徒认出，都属于此类情形。这里出现了一个有本体含义的"恒常"观念，是某种继续存在下去并包含历史之"恒常"，这与一个本质之"常"或一种形式安排之"常"截然不同。见证是出发点。教会是以永不止息之见证方式，以信实的方式存在着。

1932年10月6日

    我的信实所忠诚对待的存有，本质上不仅可能被我出卖，并且还以某种方式受到我出卖它之影响。忠信是永不止息的见证方式。但是见证的本质即是能被涂抹掉、被磨灭掉。我反省这种磨灭的情形是如何会发生的。或许是因为我们以为这个见证已经过时了，它已不再相符实际事物了。

    存有是被作证的，而感官是证者。我认为这是一个很重要并且新颖的思想，也是唯心论者系统地忽略掉的观点。

1932年10月7日

又有一个思想浮现了：我向它奉献我自己的客体，值不值得我对它所作之奉献？这是对原因之相关价值所作的检讨。

我脑海中又出现了一个关于"创造性的信实"（une fidélité créatrice）的观念，就是说关于一种除非它不断创新否则不能自保之信实。我在设想，是否它的创新能力与其本体价值有对称的关系。

如果有信实，其所针对的必定是一个具有位格者（人、神），而不是一个观念或一个理念物。一种绝对的信实必含有一个具有绝对位格者。我在想，对一个受造物（此指向另一人）的绝对忠实，是否假定"祂"，在"祂"之前我订这个约定（譬如婚姻圣事）。

我们从不会说得太多，说我们活在一个在一切时刻，以一切方式常能出卖（约定）的世界：被我们大家或被我们之中每一个人出卖。我还要重复说：这个世界的结构本身似乎在不断向我们建议出卖（trahison）。死亡之景象就不停地邀请我们否定一切。这个世界之本质可能就是出卖。可是另一方面，我们在宣说出卖时，是否把自己构成了它的同谋呢？

把记忆看成本体的指针。[①] 这是与见证不可分隔的事实。难道人的本质不是一个可以作见证的存有么？

有关见证之形上基础的问题显然是形上学中最核心的问题之一。这是个一直尚未澄清的问题。"我当时在场，我肯定我当时在场。"整个历史有一个由它所延长之见证的作用；由此观之，它是植根在宗教精神之中的。

刚才当我徘徊在万神殿（le Panthéon）和拉斯帕伊大道（boulevard Raspail）间，我想起不少其他事情，有很丰富收获的印象。

我也想到宗教仪式，它调节我们的心灵，使其能度过一个信实的生命。但我也看到只以习惯性方式去参加礼仪，能使人逐渐走向出卖。这一点可以与我今天早晨所写的有关创造性的信实联结。此外，这岂不是圣德之极确切的定义吗？

我同样也看到对亡者举行的追思所包含的深刻意义，因为借此仪式，我们拒绝出卖那位曾经被人单纯地认为不再存在的生者。这是一种积极的抗议，相反某种玩表象的把戏，拒绝顺从这类游戏或让自己整个地投身其中。如果你说："他们不再存在。"这不单把他们否认掉，并且也否认掉自己，或许这是"否认"之绝对意义。

我相信自己终于看到了查考证明神存在这一观念之可能性，

---

① 心电感应（La télépathie）与空间之关系岂非可以比拟于记忆与时间的关系？虽然后者只以灵光一现的方式冲到意识表层，但这无关宏旨。

这是针对圣托马斯哲学之五路证明而言的。他的证明并不具有普遍的说服力，这是一个事实。如何解释这种局部的无效性呢？这些证明假定聆听者早已对神有了坚定的信仰，而它所做的实在是把一个完全不同性质的行为带到推理思维的层面上去。我相信这不是道理，却是错误的道路，就像有错误的窗户一样。

我在思索这些问题的时候，我问我自己是否我思索的工具是一种反省式的直观（une intuition réflexive），虽然我还不能交代清楚它的本质。

或许我们是活在一个从宗教角度看具有特别机运的时代，因为"出卖"一事——它的大本营就是这个世界——在今日显得特别明晰。19 世纪之主要幻想现在已被涤清了。

1932年10月8日

"反省式的直观"这个说法实在不能叫我满意。下面写的，才是我想说的。我觉得我不能不承认，在我内心的某种层面，我就在（大写的）"存有"（l'Etre）面前。从一个意义上来说，我看到了祂，但从另一个意义上来说，我只能说我看到祂是因为我不把自己当作观看者。这个直观不能作自我反省，也不能直接地反省它自己。但是当这个直观转向祂的时候，却照亮了其所超越的整个思想世界。从形而上角度说，我想不出还有什么比这更好的方法来解释信仰（la foi）。此外，我觉得这个看法很切近亚历山大学派（Alexandrins）的思想，不过还需考证。我认为在一切信实的根源处，都有一个如此这类的直觉，然而在这直觉中的真实实在界，还是会常常受到质疑。我总是会说："是的，我曾'以为'我看到，但是我还是落空了……"，我一直在思索"见证"的问题。能不能说，见证之范围"大体上"与经验之范围重合？今日之人倾向于漠视见证，把它看成某种"体验"（Erlebniss），尚算正确之陈述。但是见证如果只是这么一件事，那么它实在不算什么，它也不可能有什么作证价值，因为没有任何东西能绝对地保证经验得以遗存下来并且获得确切证实。这又连上昨天我写的论"世界作为出卖的场域"——不论这种出卖是有意识的还是无意识的，这个世界都愈来愈明白它是这个样子的。

1932年10月9日

　　我想到纯粹反省会全面攻击见证的可能性，并且还会主张不可能产生有效的见证。任何见证本质上都是可以再次被怀疑的。而我们都有倾向怀疑任何可能的见证、怀疑见证本身。这个程序是否有其合理的依据呢？它之可以成立与否，端赖于我们能否先验地见证被承认有效所必须满足的条件，然后又指出本见证并不具备上述条件，或至少无人能指出这些条件已经是齐全的了。但此处就正如怀疑存在的情形一样，人们能做的只是贬抑其价值，针对的是本身"不可道"之体验的记忆，以及一切概念化的转译。

　　能不能说属于本体界之事物的本质乃是不能言说而只能为之作见证？

　　只是见证一事还应当好好地被吾人反省。它只有在存有之内，并且借着自己与存有的关系，才能肯定自己的价值。在一个只承认体验，只注重纯粹刹那（purs instants）的世界之中，见证便没有地位了。但是如何又能说见证是以表象的身份出现呢？

1932年10月10日

"作证"是个人的事。它牵涉整个人格。但同时它转向存有。因此它的特征可以由个人与存有间发生的紧张关系来表达。

然而以上所说并不能满足我，我也尚无法找到适当的话来说明我的观点。我清楚看到的，是与格里斯巴赫（Grisebach）完全相反的态度，我在记忆中看到本体所显现的一个主要面向。关于这一点我的看法多么接近柏格森，还有圣奥古斯丁！在柏格森的思想中，作证是怎么一回事呢？无疑，它是一种神圣的奉献自己（une consécration）的行为。但这个概念本身非常暧昧。我们应该小心别以实用主义的方式去解释它。

应注意一点：作证不只是指出场证明，并且也指取用某一个证据。后者所有的关系本质上是二而三的（triadique），按《形上日记》内之意义解释之。

1932年10月22日

本体奥秘之立场及其具体进路。

这是我要在马赛哲学协会中发表之论文的题目。"存有的奥秘""本体的奥秘",对比于"存有的问题""本体的问题"之说法——这几天突然出现在我的脑海内,给我不少启示。

形上思想可以看成瞄准某种奥秘而作的反省。

然而,奥秘之本质是要能被吾人体认。形上反省以这一体认为前提,这一体认是在它自身之外的。把"奥秘"与"问题"作一区分。所谓"问题",乃指我们撞到的某物,它挡住我们去路。它完全在我面前。相反,奥秘却是我发现自己参与其中的某物,它的本质不可能完全呈现在我的面前。似乎在这个领域中,"在我内"与"在我前"之区别已经失去其意义了。

自然层次:自然层次之领域与问题层次之领域恰好重合。常会有诱惑,想把奥秘转化成问题。

奥秘层次却与本体层次是重合的。知识的奥秘是在本体论的层次（这一点马里坦看得很清楚），但是知识论的专家把它忽略了，不去了解它，反而把它变成"问题"。

举一个典型的例子："恶的问题"。我把恶看成一种掉在大机器中——此即宇宙——之意外事件，而我却在这架机器之外观察它。这么一来，我不单把我处理成不会受到它的疾病或软弱之损害者，并且以外在于宇宙的方式，我试图，至少理想上，把这个世界之完整重新建立起来。

我通往存有论的，是怎样的一个进路（l'accès）呢？很明显，进路这个概念在这里并不适用。它只对属于问题层次的事物有些意义。只有在某一地区清楚地规划出来之后，我们才能问怎样进到里面去的问题。对存有，我们无法用这种方式来处理。

存有与奥秘：尚待探索与启示有关的先决条件。

既然不处于与问题相关的世界中，启示就显得多余。把"形上思想看成瞄准一个奥秘而作的反省"，从这个定义的角度来看，这种思想之进步实在无法理解。只有在问题的层次才有所谓的进步。

另一方面，问题的本色即可以被详细分析、解说，而奥秘却相反，无法详细分析、解说。

1932年10月29日

在现象学界的首要问题是：在大部分有识之士，甚至在最倾向形上学、专事研究存有的思想家他们那里，都会引起的、几乎不可克服的猜疑是什么呢？我怀疑，是否应当从康德主义对许多知识分子持续的影响来回答这个问题，事实上它的影响在明显地减弱中。说实话，柏格森主义之作用实在也不亚于康德主义。但是，我想我们正深深体验到一种无法用言语清楚表达的情绪，我还是设法要把它讲出来；即我们愈来愈确信没有所谓有关"存有"的问题，或以问题的方式接触存有的可能。我想只要我们仔细推敲问题这一概念就足以使自己相信这个观点。此处令人困惑的事是，我们已养成了一个孤立地看问题的恶劣习惯，那是说把它们插入生命经纬内的活泼关系予以抽象。这是科学家处理客体的方式。在他的研究过程中有一个科学难题出现了，科学家撞到这个难题就像他的脚被石头绊到一样。任何问题之出现常暗示，心智必须设法重建某种延续性之暂时断裂。

1932年10月31日

　　把存有看成取之不尽的原则。尼采没有看错：喜乐与取之不尽的感受是相连起来的。我要重新讨论从前我写过关于存有抗拒借批判而将它化解的能力。这与我有关绝望的话也是相连的。这里有一个死结。在那里我们可以清点存货的地方即我们会失望的场所，譬如："我已经估计过，我将毫无办法作……"但是存有超越一切估计。失望是心灵在遇到下列情形中感到的冲击，"没有别的东西了"，"一切有结束的事物都是太短了"(圣奥古斯丁语)。只是我们应该记得这个取之不尽的原则本身既非一个特征，又非一连串的特征。这一点与我以前所写关于奥秘与问题层次相反之看法是很切近的。

1932年11月1日

把时间与空间看成取之不尽性的表露。[①] 把宇宙看成存有之开裂（déhiscence de l'être）？这是一个可以尝试的概念。每一个个别存有皆是本体奥秘封闭（尽管无限）的象征和表达。

[①] 然而在别处我把时间与空间界定为"不在"（l'absence）之相连模式。从这里可以引申出一整套辩证；这种辩证是在旅行（voyage）和历史之中心的。（1934年10月8日补注。）

1932年11月7日

从对存有问题感到不舒服出发来进行反省。这种不舒服来自用理论的辞句来陈述存有，同时由于我们的处境觉得别无他途可循。

科技层次与问题层次也是相牵连的。每一个真实的问题都有为他自己解围的技巧，而每一个技巧都有解决某一特定型问题的使命。我们能否以假设的方式来划定一个后设问题（métaproblématique）、后设技术（métatechnique）的区域范围呢？

1932年11月8日

把"问题"的概念作进一步反省之后，使我想问在设问存有的问题之事实中是否已经包含了矛盾。把哲学看成后设批判（métacritique）层面的事物就会把我们引到一个后设问题的层面上去。我觉得有必要给人类经验重新赋与它的本体重要性。后设问题：（例如）超越理解力之外的和平、永恒。

1932年11月9日

我愿意加深了解我称之为"人类经验之本体重要性"的意义。此处雅斯贝尔斯（Jaspers）的思想能有启发作用。

让我们来分析一下下面一个思维模式：

"我只是我所值的东西而已（但是我不值什么）。"这种哲学的出口处是失望，只有借小心翼翼的幻想才能把它遮盖起来。我们可能陷于绝望的事实是这里的一个核心论据。所谓人，即是能失望、能拥抱死亡、能拥抱他自己死亡的一种生物。这是形上学的核心论据，然而托马斯主义所建议的一种关于人的定义却把这个论据遮蔽起来。克尔凯郭尔思想的重要贡献，我想是把这个事实透显出来。形上学应当面对失望、采取自己的立场。本体论的问题与失望的问题是分不开的——然而这些都不是"问题"之所在。

反省到"许多他我"（des autres moi）的实质问题。我觉得有一种处理这个问题的方式，它事先排除一切可被接受及了解的答案。这种方式就是把我的实质（réalité）集中在我的自我意识这一个焦点上。如果有人用笛卡尔的方式出发，即主张我的本质就是意识到我自己的话，那么他就没有办法脱身而出了。

1932年11月11日

　　我们不仅有权利肯定许多他者的存在，而且我会尽力支持以下观点：存在之所以能归诸他者，只因他们在"他者"的情形之中；而我也无法设想自己的存在，除非我把自己看成不是他者，我是异于他者的才行。我甚至要这样说："他者"之本质就是存在；我不能想某人是他者而不想他是存在者。只有当我心中对他者是他者（或"他者性"）开始动摇时，我才会对存在产生怀疑。

　　我甚至要问我自己究竟"我思"——此内包含笔墨无法描述的暧昧——是否只在说明这一点："当我思考的时候，我就对我自己产生了距离，然而我把我自己像他者那样地提出来，终于作为存在者显现。"这种看法彻底地与唯心主义相反，后者把自我界定为自我意识。如果我说把自我界定为自我意识便是使他成为"次级存在"（*subexistant*）的东西，我这种说法是否荒唐？自我只有当他把自己看成为别人而存在时才真正存在。因此就在他领会这情形的时候，他就逃脱了他自己。

有人会向我说："你这些断言不论从其内容或形式来说都非常暧昧，并且有些武断的感觉。你在讨论的是哪一种存在呢？经验存在还是形而上的存在呢？没有人会否认经验存在（l'existence empirique）；但此中有现象的不稳性，因为没有什么东西可以保证'他者'不是我对他者的思想（les autres ne soient pas ma pensée des autres）。这样一来，真实的问题便会滑脱掉了。"

我相信，就是这种立场，我们应当坚决地拒绝采取。如果我承认他者只是"我对他者的思想""我对他者具有的观念"，那么我绝对不再可能把我围着自我而划定的圆圈穿破。如果我强调主体与客体对立的绝对性，如果我对主客范畴太认真，或太重视主体把客体置于自身之内的行为，那么他者之存在将成为不可思议的事，并且我相信任何存在，不论有何种方式，都将成为不可思议的事。

"自我意识"与"他"：自我意识的哲学。这里他者对我为自己划好的圆圈来说实在是外边的东西。从这个角度来说，我不可能与他者有任何沟通，甚至不可能有一个沟通的观念（l'idée même d'une communication）。我不能不把他者之主体的实质（cette réalité intrasubjective des autres）看成莫名其妙、不可捉摸之X的出现。我用这些话勾出普鲁斯特世界最抽象的轮廓，虽然我们在普鲁斯特的作品中发现一些与我所说的不仅不合，甚至相反的说法。这些迹象在他小说的进度过程中，变得愈来愈稀少，因为由"自我"构成的圆圈变得愈来愈明显和封闭起来了。这圆圈在贡布雷（Combray）和与贡布雷有关的一切事物之中尚未存在。那里尚有一个为"你"可以活动的地方。可是故事发展下去就不同了，我们发现各种僵化的现象，人物愈来愈尖锐化、愈来愈封闭，终于"你"从书本中完全消失。配合这种情形，恰好出现老祖母的死亡，这是一个具有决定性意义的命定事故。（我相信我这里所写的一切，普鲁斯特本人从未清楚地意识过，不论对他自己或对于他的作品而言。）

可能有人还会向我说："可是你对'你'和'他'所作的分析只对心灵的态度来说还算有些道理。只在最狭义的情形之中，它才是现象学的分析。你能不能把这个分析用形上学的方式建立起来，并给予'你'形而上的有效性?"这个问题的内涵实在非常晦涩并且难以说明。但是我还要尝试把它更清楚地予以陈述。试看下面的说法：当我把另外一位看成一个"你"，而不再是"他"的时候，这个变化是否只指出我对这另外一位的态度有所不同，或者我可以说：以"你"的方式来对待这个人时，我便更深入地进入他的内心，我更直接地领悟他的存有或他的本质?

我们在这里还该保持警惕。如果"更深入地进入"，或"更直接地领悟他的本质"这类说法只为表示掌握更精确的知识，或在某种意义之中对他具有更客观的认识的话，我应当毫不迟疑地说："不！"关于这一点，如果有人坚持要以客观判准来决定一切的话，我们常常可以说：所谓的"你"只是吾人的幻想而已。但是请注意，"本质"一词本身的含义就非常暧昧。"本质"一词能指"本性"（nature），或指"自由"。可能就在于我的本质是自由的情形下，我能叫我自己顺从或不顺从我之以天性方式下表现的本质。或许我之本质即为"能不是我之所是"（de pouvoir n'être pas ce que je suis）；简而言之，即我能出卖自己。我在"你"内所碰及的对象不是本性式的本质。实际上，当我把某人处理成"他"的时候，我就把他化约成只是"本性特质"而已的事物；

一个以如此方式，而不以另一种方式作用之能活动的客体。相反，当我把另一位看待成"你"的时候，我就把他看成具有自由的人。我了解他是自由体，因为他也"是"自由，不仅是本性特质而已。更有进之，我以某种方式使他获得更充分的自由，我协助他成为自由的人。这种说法表面上看来极为吊诡且充满矛盾，但是爱德不断地在证明这项真理。另一方面，只有另一位是自由人时，他才是真正的"他者"。以本性特质出现的话，他在我看来就好似我对自己只是本性时的我完全一样。可能只有借着这个曲折，我才能在他身上施行暗示的作用。（一般人常常分不清楚"爱德的效力"和"暗示的效力"之间的区别。）从上所言，我今天早晨所写的思维模式就比较容易理解了。只在我对"他者"开放，当他是一个"你"的时候，他者才能对我以另一位他者的方式存在着；但我之能向他者开放自己，先假定我不再在我心中建立一个以某种方式将这他者，或更好地说将他者的观念封藏的圆圈。因为对这个圆圈来说，他者已沦降为他者之观念（l'idée de l'autre），而他者观念当然不是他者之本身，却是处在与我产生关系中之他者，他已从自己原来的坐标中拆开，他是已脱臼者，或正在遭受脱臼者。

1932年11月14日

　　一切能用言辞表达的东西，都是可以思考的东西。或更精确地说，在言辞可以说明的东西之中，没有什么不能在某一时间被我们之中的一人所信、所思。言语的能力与最先进、最现代化的大众传播网十分相似。但是它如果只向自己传播，只向自己讲话，则一无作用可言。

　　这些见解是由一些我已记不清的某种非真实的美感感受向我提供的。可惜得很，它们也在不少非真实的形上学中插上一脚。

1932年11月15日

我能不能把优先权给予一个借"自我"构成自己为我之活动，而不给予"自我"肯定他者之实质的活动？如果我们同意有这样的优先权，我们应当如何了解它呢？我想，有两种方式来了解这个优先权，或从经验的意义层次，或从先验的意义层次。从经验的层次来讲，我有一个由我的各种意识状态（mes états de conscience）之总和所构成的领域。这个领域具有一种被感觉到是"我的"领域的特色。这一点表面上看似乎很明显，但实际上却非如此。表面上之清楚，我想只来自支持这些公式之唯物主义的装束（représentation matérialiste）。结果我们不仅不尽力去思索被感物作为被感物（le senti en tant que senti）之意义，而且用某种机体活动（événement organique）的观念取而代之、某种在所谓完全可以明晰地规划的区域，姑且称之为"我体"区域中进行的活动的观念。我相信实际上在强调自我意识之优先性的一切经验主义观念的基础上，有下列的基本信念，即一切为我而有的事物都必须首先透过我的身体。这种信念认为我的身体绝对地介于我与其他事物的中间（une interposition absolue de mon corps），然而它并不以严肃的态度去寻找把我与我体联系在一起的关系是属于哪一类层次的关系，并且不问凭借我肯定此体为我体之行动的含义。可能——我不用绝对的语气作肯定——在这里有一个循环：我们似乎注定应从"感觉"（feeling）的角度去描画我体的实情，为了接下来再按照"感觉"的作用解释使我体成为我体的特权。我倒以为如果有人坚持要用经验主义的观点来看这个问题，那么就不会再有超越对"此体"所作的断言的需要，而"我体"的说法就会变成一种无法理解，甚至彻底与理性相反的因素了。

如果我们采用我称之为先验的观点来看问题的话，情形就会大不一样。

1932年11月16日

我注意到某种生命哲学对存有所作的沉思构成阻碍。这个沉思几乎会显得只在这种哲学之此端或彼端中才有发展余地。这些初步的观察关系重大,它给我们一把深入思考的钥匙。

我曾写过:"我的存有被某种不给予我并且也不能给予我之事物在我的意识前遮蔽起来。"我的生命不能成为给予我的东西。虽然表面上并非如此,但实际上我体也不能成为给予我的东西,就因为我的生命具体地化入我体之中。我体不是,并且不可能是我的客体,就像一个外在于我之器具一样。吾人一般有把我体和属于我之某一样器具(如手表)之间的区别缩到越小越好的倾向。美国人喜欢每过一段时期把自己送入医院"检查"一下。这是具有启发性的事。实际生活中每一个人可以循着这个方向尽量向前进行。然而还有一些完全无法予以检查的情形,如车祸等意外。

当我们把"我的生命"与"我的存有"区分开来之后,我们就有几乎不能抗拒的诱惑要询问何谓这个存有，它包括些什么的问题。终于构成了对这一问题或这一伪问题（ce pseudo-problème）所思索而获得的答案。

"我是什么"这一问题似乎要求一个可以概念化的回答。但同时一切可概念化的答案似乎可以被拒绝或被丢弃。然而这个问题究竟是否是一个合乎法理的问题呢？它究竟有否提呈出一个意义来呢？此处我们就不能不问得更仔细一些：我愈依附我的所为或我的社会阶层（mon milieu social），这个问题就"愈少"真正临于我。我常能把它"陈述"（formuler）出来，但是它对我只发出一阵空空的回响。当一个问题是真实的时候，那即是说它激荡出一种我认为很饱满的回声的时候，它假定我要对我所做的，对我参与人类公共世界之方式采取某种摆脱和放松的态度。

会不会有人以为这种摆脱是不合法理之抽象？但是作如是观的我的生命（即作为此世界的共同参与者），确能为我变成判断、鉴赏和非难的对象。"我的生命是我能评估的某样东西。"一个重要的核心论据。但是在评估我生命之我的是什么呢？实在无法对一个"先验我"（un moi transcendantal）之幻想予以赞同。这个做评估工作的我本身也受到鉴定。必须补充说明一句：我的生命，就我所引领的而言，也在忍受一种隐含的评价。（无论遵循还是反抗，因为很可能我过一种存在生活，而在我之内有某种东西以低沉的方式不断地在反抗这种存在。当我询问我是什么的时候，我就在隐射这种复杂而且在某些方面充满矛盾的处境。然而正因为这里有一个真实的处境，所以我可以在它面前逃逸，并且可以"开小差"。）

我们这个世界的结构（对"世界"一字的意义尚须斟酌一

番）是如此这般，使生活于其中的人可以体味到绝望的真谛。就在这种情形下，我们发现死亡之冷酷意义。死亡之事实存在一天，我们就会觉得被吸引到绝望者的队伍中去，并以一切方式变节。这种倾向至少在下列的情形中会发生：从"我的"生命的哲学观点来看死亡，并且坚称所谓的"我"完全与我的生命等同。在对死亡所作的令人困扰的解释和把自己的生命看成在这生活过的片刻之外，均为不可捉摸的暗中合作（为了出卖存有）的关系。上述把自己生命看成只在活过的片刻中才是可捉摸的态度有严重的后果，因为一切联系、一切誓约、一切承诺都要变成仅建立在谎言上的东西，把片刻不稳固的感受任意地作永恒性的延长。这样一来，一切方式的信实均被视为荒谬，因为没有根基；相反，背叛或出卖却以崭新的面目出现了：它要宣称自己是真正的信实，把"出卖"界定为出卖此片刻，或在片刻中所体会过的真我。此处我们掉入云里雾里之中，因为把信实之原则置放在片刻的一个焦点上，实际上是超越这个片刻。我承认这一切讨论只是没有实效的辩驳而已。然而真正有效的反驳在这里也行不通，因为绝望是不能辩驳的事。我们在这个困境中唯一能做的事，乃是超越一切辩证作一个彻底的抉择。

我要顺便提及一点：我们只能在某些见证人——其中首推殉道者（martyrs）——身上体会到绝对信实（la fidélité absolue）。这个论据所赋予的，还是内属于信仰的层次。相反，出卖的经验却到处都有，首先是在我们身上。

1932年11月18日

从存有的问题转渡到"我是什么"的问题？我是什么？那探询存有的我，是什么？我具有什么天赋以致可作如此这般的一个询问。

从问题转渡到奥秘。此中有等级的差异：当一个问题可能激起本体的回响时，它就显得在自己内隐着一个奥秘（死后生命的问题是一个例子）。

灵魂与肉体之间有什么关系的问题其中所蕴含的大于一个问题。这是我在《形上日记》的附录《存在与客体性》（*Existence et Objectivité*）的结语中，所暗示的观点。

一个无法表象化的具体实在（Un irreprésentable concret）——无法表象化，因为它比观念更大，它超出一切可以理解的观念之外，它就是临在（présence）。而物体本身则是不在场的。[1]

---

[1] 从这里我们可以引申出关于圣体圣事之临在的理论（une théorie de la présence eucharistique）。（1934 年 10 月 10 日注记。）

1932年11月21日

　　昨天与 A 神父谈及德兰·纽曼（Thérèse Neumann）的种种。[1] 今天早晨想及理性主义者对这些事实的反应我感到愤懑。他们对这类现象采取漠视的态度。我又回过头来反省自己感到的愤懑情绪，我想这种情绪一定来自我自身尚有的缺乏坚信（incertitude）的残余。如果我是绝对坚信的，那么我对这些存疑的朋友，便只会有一种纯粹的爱德和怜悯感（un sentiment de pure charité et de pitié）。这一点我相信还能引申到更远的地方去。我觉得爱德和坚信是紧紧相连的。这个看法值得我们继续推敲。[2]

---

　　① 德兰·纽曼（Thérèse Neumann, 1898—1962）是 20 世纪初有神秘体验的德国基督徒。据说她身上印有与耶稣相似的五伤创痕。

　　② 这里含有一个似乎是无稽的观念，即认为在狂热主义的根源并没有确定性，甚至没有过度的坚信（une certitude intempérante），只有一种它不承认的对自己的不信任和害怕。

1932年11月28日

　　我看到躺卧在一店门前的小狗时，我的口唇喃喃地说出一句话："活（vivre）下去是一件事，存在是另外一件事：我选择存在。"

1932年12月5日

最近几天为上演《明日之死》(*Mort de demain*) 一剧而引起的情绪波动和疲劳，使我今天早晨已到了无法了解我自己思想的程度。我屡次想说："奥秘"一词似乎贴有一张标签："请不要碰我。"为了再一次了解奥秘，我们应该常常参照问题的层次(l'ordre du problématique)。所谓奥秘，是后设的问题。

另一方面，我要应用上星期六关于了解"许多他我"之实质所提出的原则。我们在实在界的层级（la hiérarchie des réalités）上升得愈高，我们愈会有产生强烈而浓厚的否定和背叛的可能。[1]

---

[1] 正因如此否认神比否认物质的存在容易得多。（1934 年 10 月 10 日注记。）

1932年12月6日

……刚才我反省时看到下面一个情形，即我们的条件——我暂时不给"条件"两字作精确的定义——暗示或要求在我们内，或在我们周围系统地使自己对奥秘采取闭塞的态度。这种态度来自一种几乎无法说清楚的观念——这还算是观念吗？——"一切都出乎自然而已"（du *tout naturel*）。在"物体化"与"一切都出乎自然而已"之间有密切的联系。除非把层层将我们包围而又由我们自己分泌所生的硬壳一下子刺破，不然的话，我们绝不可能把握存有。"除非你们再次变成小孩子……"我们的"条件"有可能超越它自己，然而这需要英雄式的努力，并且必然地以间歇的方式达到目的，而非一蹴可成。物体之为物体的形上本质可能正是它具有的闭塞力。对于这一点，我们颇难予以确切说明。在任何一个物体之前，我们无法询问被此物体隐藏起来之奥秘的问题。①

---

① 但就在这里有一切真实的诗文之形上根源，因为诗的本质便是不问问题，而是作断言。从此我们可以看到"诗性"与"先知性"之间的密切关系。（1934年10月10日注记。）

162

1932年12月11日

今天早晨我对"凝神"（*le recueillement*）这一现象沉思良久。我觉得这里有一个非常重要的核心论据，很少被人家注意过。我不仅能对一般而论在我意识中塞满的叫嚣声强制静默，并且这个静默本身具有积极的作用。因为就在这个静默之中，我才能够重新把我自己整合起来。它本身便是一个使人恢复元气的原则（un principe de récupération）。我很想说："凝神"与"奥秘"是相互铰链在一起的东西，在"问题"之前谈不上有什么凝神的心态；相反，问题常常以某种方式使我感到内在的紧张。凝神之结果却是一片松弛（détente）的感觉。然而"张力"和"松弛"两词有时会把我们弄混了。如果有人询问一个能凝神的存有的形上结构是什么的话，他便很快地要进入一种具体存有论（une ontologie concrète）中去了。

163

1932年12月13日

在我的演讲一开始，我就应该指出：在我脑中萦萦于怀的乃是如何界定一种我认为最有利——如果不是唯一有利的——于发展有关超感觉层次所作断言的形上氛围。

1932年12月18日

在几乎理智全失并忍受了数小时不堪折磨之后，我突然再次领悟，并且更清楚地了解了以下几点。这是我在爬过圣女日南斐法山坡（Montagne Sainte-Geneviève）上获得的灵感。

我们应该明白：

1. 本体的需求（l'exigence ontologique），在谋求了解自己的过程中觉察到，不可将此需求同化为寻找答案（une recherche de solution）。

2. 所谓后设问题，是指我的实体成为主体的一种参与（我们并不属于我们自己）。反省之后我们看到：一个如此这般的参与，如果是真实的话，就不可能是一个"答案"；不然，它便不会再是参与了，也不会再具有超越性，却降低其等级，沦为插入一连串事件之过程中的东西了。

因而我们必须在这里从事两种不同性质的探讨，其中之一为另一个铺路，却并不限制后者；它们两者倒有相辅相成的关系。

（1）探索本体需求之本质。（2）探索真实的参与所必须具备的条件。我们立刻会发现，这一类的参与超出问题的层次（此指能以问题方式查看）。其次，我们还该解释：事实上，就当我们有临在的体验时，我们已经纵身一跃降落在问题的层面以外了。在此我们还须指出：推动以问题与答案方式进行思考之动力，只是把一种暂时有效的特性赋予每一个判断。在这种情形之下，每一个临在经验常引申出一些问题，但是它有如此变化的时候，已失去了它为存在时具有的价值了。

1932年12月20日

知识内在于存有，被存有包围住，这是知识的本体奥秘。任何人如要对这奥秘有所了解，他必须用一个依赖临在体验而运作的第二力量的反省（une réflexion à la deuxième puissance）。

1932年12月22日

　　我清楚地看到痛苦的问题（也可说所有恶的问题）与我体的问题之间的关联性。有关痛苦的形上解释，必有一个指向我的痛苦的指标（有时候能是隐含的）。除去了参照我的痛苦这个因素之后，解释的内容便会失去意义。由是观之，莱布尼茨对这一问题思索所得显得非常的空洞（斯宾诺莎由于他的英雄主义精神作祟，对痛苦问题所发的高论也不见得比莱布尼茨高明多少）。我们前面屡次指出的困难再一次强有力地映现出来，因为问题愈来愈尖锐化，原因就在于这个痛苦更全面地进袭我的存有。另一方面，如果这种情形愈加严重，则我愈无法以任何方式将它从我自身撕裂开，我更无法取一个站在它前面的立场。我的痛苦与我化成一体，它是我。

1932年12月23日

深刻地探索痛苦的真谛，就会使这个问题染上《旧约·约伯记》一书的色彩。把《约伯记》中神学的成分去除之后，我们会看到下列的信念：一种痛苦袭击我的程度愈深，则我愈不能任性地把这种痛苦看成外在于我，而我只能偶然忍受它的事件；这是说我不能任性地假定在我的存有之中有一种事先已定局的完整性（intégrité préalable）。以上情形在服丧和患病的案例中尤为显明。然而我觉得，我在这里所看到的一切都是在隔了一层帷幕的情形下看到的。我切望这层帷幕愈快愈好地被揭开。

为1933年1月21日在马赛市哲学研究协会的演讲所拟的草稿：《论本体奥秘之具体立场与进路》（*Position et les Approches concrètes du Mystère ontologique*）

1. 如果我们考虑在一个勠力加深对它自己需求认识的意识之内形成的哲学思想，以及这思想实际上所采取的立场时，我们似乎免不了要罗列以下数项观察：

（1）今日尚为某些人士取用来陈述存有问题的传统术语普遍地引起一种极难克胜的不信任。这种不信任的基础倒并不在或明或暗地遵循康德的论点，更简单地说，唯心主义论点，而是因为受到柏格森批评的感染。这种现象我们甚至可以在那些从形上学角度看不能排在柏格森麾下的人士身上看到。

（2）另一方面，在存有问题之前干脆地弃权，对之不加质问——这种态度在当代哲学理论之中有相当大的代表性——分析到底的话，这种态度是站不住脚的。因为或者它要化约成一种本身无法解释的悬疑，可由懒惰和胆怯形成，或者——一般情形中都是这样——它最后会暴露出它或明或暗地否定了存有，以伪装的方式拒绝聆听我们出自内心的深切需要。实际上，我们人的最具体的本质便是以各种方式将自己"投身"，也因之而发现自己不仅与一个应当忍受，且应将之化为己有，以某种方式从里面要予以复兴的命运纠缠在一起。否认有存有这一种态度实际上只能是对不在场或缺失的"体认"而已。我们之所以能否认，是因为我们愿意如此，那么我们也一样可以拒绝否决存有。

2. 另一方面同样值得注意的是：询问存有之我，并不事先把握了"我存在与否"的问题，更不清楚"我是什么"，甚至对"我是什么"一点也不了解，然而这个问题却困扰着我。因而我们看到存有的问题在这里侵袭它自己的与料，并在问这问题的主体内部被深入探讨。这样一来，这个问题立刻超越了自己——超越了问题的层面，而蜕变成奥秘。

3. 事实上在问题和奥秘之间似乎有下列基本分别：问题常是我碰到并发现完全安置在我面前的东西，并且正因如此，我可以把它加以规范和化约。奥秘却不是如此，它是我自己也投身入内的东西，因此我只能把它想象成在其内"我内"和"我前"之区分已失去原始意义和价值的范围。一个真正的问题常常可以合理地按照某种科技的作用而获得界定，相反，奥秘在本质上就超越一切科技的限制。或许我们常常能够（逻辑地或心理学地）把一个奥秘降级，使它变成一个问题。可是这种做法实在非常恶劣；我们或许可以找到这类倾向的原因就在于理智的腐化。哲学家们称为"恶的问题"提供给我们有关这类降级一个很有启发性的例子。

4. 由于奥秘的本质即是能被认出或确认（d'être reconnu ou à reconnaître），因此它也能够被人否认、被人漠视。这样它就被化约为"我曾经听说过"的某样东西；我否认它与我有任何关系，它只对"他者"有意义，因为"他者"被一种幻觉所欺骗，而我却明察秋毫。

我们应当竭力避免混淆"奥秘"与"不可知"。"不可知"实际上只是一种问题的界限，就是说，被实现的任何情况，都会产生矛盾。对奥秘的体认却不是如此，它本质上是心灵的积极行为；它不仅自身积极，而且是一切积极性之可以成立的基础和条件。这里我一面运思、一面理会到：我大大地受益于一个我占有着却又不直接地知道我占有着之直观（une intuition），这种直观不为它自己而存在，并且它不发觉自己的作用，除非通过它借以反察到自己经验的多种模式，后者也受到直观凭借的这个反察而照明。今后，形上学的基本思考要成为对这反省的一种反省，这就是第二力量的反省，或简述第二反省。借此反省，思想主体努力重新获得那个直观，不然的话，这个直观在作用的时候反会消失。

凝神之实际可能性能被视为我们所把握的最具启示性的本体指标。它构成了一个在其内我们才能实现振兴存有目标的真正氛围（milieu）。

5. "存有的问题"将是只给一个能凝神者体验的不适当奥秘的意译。这样的一位能凝神的存有之主要特征，就是不把自己单纯等同于自己的生命。我们能够证明这个观点，因为我们事实上常以或明或暗的方式评估自己的生命。对我的生命而言，我不仅能用抽象的法律形式加以判决，并且我能够有效地将它结束掉。如果我不能有效地在逃脱我掌握生命之最深处，将生命彻底结束，至少我能把我自由设想的从这个生命化约而得的有限及物质表达中予以控制。如此情况之下，可能自杀之事实就成为一切真实的形上思想的主要导线了。不只是失望而已，甚至任何方式的失望和出卖的事实都有效地把存有否决掉。一个失望的心灵把自己封闭起来，不再顾问我们自信已获得的一切积极性原则之肯定——此肯定奇妙地占有我们存有的中心位置。

6. 只说我们活在一个任何时候、以一切程度和方式都可以发生出卖行为的世界中是不够的。我觉得我们世界的结构本身如果不强迫我们这样想，至少推荐我们如此去想。这个世界所提供给我们的死亡景象从某一观点来看，被视为继续不断地刺激我们去否决一切和彻底背叛存有的因素。此外，还有人可以说，时间与空间若不临在的两个相配合的模式，把我们抛掷到自己身上，并尽量把我们压缩到只寻找片时行乐的贫乏的存在里去。但同时，我们发现，在死亡、出卖和失望之内相对地有可能将这三点否决掉的本质。如果超越一词尚有意义，那就是指这一类的否决力，更精确地说，是克胜力。因为世界之本质或许是出卖，或更确切地说，在这世界上没有一样我们能够肯定其威望足以抵制声势浩大的批评反省之攻击的东西。

7. 如果情形是这样，那么本体奥秘的具体进路便应当在逻辑思想的范围之中寻找起点了，因为客观化的努力最后必会把我们带到上述的问题中去。更好的途径是去澄清某些按其本色为精神性的资料，譬如信实、希望和爱的现象；在这些现象中我们看到人与否决一切，与只顾自己及心灵硬化的诱惑殊死战。纯粹的形上学家在这里束手无策，因为他无法决定这些诱惑的原则是否潜藏在人的本性之中，即在人的内在而不变的天性内，或在这同一本性之腐化堕落的情形之中——这堕落是产生历史而不只是历史中的偶发事件之大灾祸的结果。

或许在本体的层面，信实最为重要。因为信实对本体恒常性（un certain permanent ontologique）的确认，不是理论、或口头上的认可，而是具有实际效力的坚信。这个本体恒常性持续绵延、关系着我们的经久存活，是包含且要求一个历史的恒常性，因此绝对不同于法律式、或纯粹功效式的迟钝，而仅具形式的恒常性。信实让随时会被否认、被泯灭之见证得以长存。信实所认证的，不仅面临长存，而且具有创造力，其创造力随着被它作证之物的本体价值之提升而愈见增大。

8. 一个以如此方式出发的存有学自然地会向接受启示（une revelation）之方向开放，虽然它并不要求也不假设或吸收，甚至绝对地说毫不了解这个启示。说一句老实话，这种存有只能在已由启示事先铺好路的场地上才有发展的可能。反省以后，我们看到这种见解一无惊人之处，更不会激起什么愤慨之情（scandaliser）。因为任何形上学之产生与发展广大绝不能与激发它的某种处境（une certaine situation）分开。而我们所有处境的主要因素便是信仰基督与料的存在。或许在这里很适合做一件事，即一劳永逸地抛弃掉素朴的理性主义观点，此主义在寻找的是一个对一切思想一切意识放之四海而皆准的断言系统。这个思想是科学知识之主体，此主体只是一个观念，不比一个观念更多一些什么。相反，本体的层次只能被一个整体地切身投入一个存在处境（un drame）中的人所体认。这个处境一方面固然是他的处境，但从各方面又溢出他所能包含的范围。这样一个人已是具有肯定或否定自己的惊人能力：他可以肯定"存有"（l'Etre），完全向祂开放，或否定存有而同时把自己封闭起来。就在这二律背反两难（dilemme）的情形中，人的自由显出它的真谛。

若干阐释

1. 从这个观点看，证明上帝存在的观念会受到什么影响？

我们的确应该非常小心地把这个观念重新加以考察。在我看来，所有证明本身都涉及某种论据，涉及我自己或他者，对上帝的信仰（la croyance en Dieu）。证明只能由我刚才界定的那种第二反省构成。具有重建能力的第二反省以插枝的方式接在批判性的（第一）反省上，它就有精神的修复（une récupération）作用，然而它之所以能有这番功力，乃因为它依助于一种我称为"盲目的直观"（une intuition aveuglée）。显然，把本体奥秘视为后设问题的体悟，乃是这种具有修复能力之反省作用的推动力。然而必须注意，我们现在论及的是心灵的反射运动，不是启发性的程序。证明能作的只是坚定我们以其他方式已经获得的经验与料。

2. 那么上帝之属性（attribute）的观念是否也会有所变化呢？

这一点在哲学层面上看显得非常模糊。我现在稍能有所把握的只是获得答案的一些进路。然而提到答案二字，必指有问题要解决，而上帝的问题这种说法毫无疑问地包含一种矛盾，甚至可以说亵渎神灵。后设问题，首先遇到的便是"超出一切理解力者外的（大写的）和平"、这是一种朝气蓬勃的和平，就像莫里亚克在小说《蝮蛇结》（*Le Noeud de Vipéres*）中描写的和平，某个人的大写和平（une Paix）、某种具有创造力的大写和平。我觉得上帝的无限性（l'infinité）和祂的全能（la Toute Puissance）也只能由反射的方式建立起来。我们能够了解，如果我们否认神有这些属性，我们会重新陷入难题。这也是为指出：哲学引领我们达到的、本质上是一种否性的神学。

3. 现在我们要在后设问题观念的解释下，反省一下系动词（la copule）的意义。我认为：在一般光景中，在有植根到本体奥秘的情形时，就有存有。推而言之，我会主张：纯粹抽象的东西不"是"（因为它的全部生命是完全可以问题化的）。我们必须把系词之"是"与存有之为存有连结起来。后者在系词之"是"中透射出自己的光辉［皮埃尔之存有在"皮埃尔是好人"（*Pierre est bon*）的系动词里透出光芒来］。我应该更贴近地再次查看我提及过的直观，因为我对它仍不太清楚。我们要讨论的直观实际上是一个非常活泼并有高效力的直观，但是我对它绝对无法摆布。它是一种完全不让人控制的东西。然而它有否在场可借在反省中感到的本体不安（l'inquiétude ontologique）来证实。为了把这点再澄清一下，我要用一个譬喻：可能这是对心灵纯洁或甚至对真理的要求。这个直观并"不在我身上"。如果我们不愿意停留在"否定"式的黑暗之中，我们应该去寻找，并发明一些东西。

实际上叫我们承认有直观的原因，乃是反省"我自己也不晓得我信些什么"这个吊诡的事实（这个吊诡已引起我的注意很久了。值得我们再加以挖深了解，加以鉴定说明）。我们本能地会承认相反的事。我能把我相信的事物列一张清单，或把我相信的与我不相信的事物作清楚的区分。这样做法假定我对我依附的或

176

不依附的事物有相当清楚的感觉，好似我把握住的与料一般。

一切对我肯定知道我所信的内容之细述，至少假定如此这般的一个统计或清单的可能性。但是另一方面，我觉得信仰所指向的存有超越一切可能做的清单；这是说：它不可能是"许多他者中"的某物之一、"许多他者中"的某一个物体（倒过来说，"许多他者中"只对物、或物体才具有意义）。以上所述即使对我自己来说，也尚未显得很清楚。

（当然我们不需要在这里解释积极的信道内所含的每一项目。在这种情形中，清单并不由我所制作。此处有一个以不能分隔的方式向我们呈示出来的整体性。异端之生就在于从这个整体之中任意抽掉若干项目。）

或许有人会问我说：你在论说的是"哪一种"信仰？是"哪一类"信念呢？

此处我还是被邀请细述（spécifier）一番。如果我拒绝去做，他们会斥责我停留在暧昧之中，以致一切讨论和澄清都成为不再可能。然而我们必须仍然坚持有这个先于一切可能作的澄清之前的混沌、而沉厚的信仰。它包含对一个本质上不能"被分割"、"被切片"之实体的贴附（une adhésion）。如果这个实体不是先向我呈现出来，或许应该说：如果它不是先把我整个地紧紧包围住，我不可能对它有如此完全的遵循。

还要深入地探讨下面的事实："最奉献自己（给神）的人是最开放自己为别人服务的人。"（*les plus consacrés sont les plus disponibles.*）一个向神奉献自己的人已经把自己舍弃了。可是在一个向某个社会事业而献身的人身上是否也会发生同样的情形呢？

177

1933年1月15日

对死亡所作若干现象学观点

它（死亡）可以显得好似我们的可腐朽性之最极端的表达方式［在《黑夜尽头的旅行》（*Voyage au bout de la Nuit*）一书所用的方式］，或相反，把死亡看成"纯粹的解放"。第一种看法是把死亡当作最极端的不能自由地献身于为别人开放服务的东西（indisponibilité limite），第二种却把死亡看成这类不自由之取缔（indisponibilité supprimée）。用一种不同的、比较肤浅的观点看时，我们也能把死亡看成出卖。

一个发愤勠力使自己愈来愈能自由地献身为别人开放服务的人，不能不把死亡看成"解放"（我想到 F 太太在汽车中给我们提及的 B 太太去世的情形），对把这种看法视为幻想的意见，我们绝对无法赋予任何有效性。（说："你将要看到这不是真的"或至少"你要了解真相，如果……"，我觉得很荒谬。）到什么程度，信仰使这个解放成为实际可能的事？这是一个应以毫不含糊的语气询问的问题（在所有其他的案例中，只能算是假设的东西，到这里就变成了不可见的、坚忍不拔的确信）。[①] 我顺便要提出，基督徒的克己（mortification）观念应当从这个"解放性的死亡"的脉络中去理解。克己是叫我们获得更大的人类自由之见习阶段。我还要说一次：有一种接受死亡的方式——这些最后片刻是极端重要的——使一个垂死的人把自己完全奉献给创造他的天主（正因如此，他使自己达到了我刚才试图描绘的精神的完全自由和开放）。斯宾诺莎的基本错误，就在于他否认对死亡所作的任何沉思会有价值可言。柏拉图却相反，他可能预先都想得周详了。也可以从这些反省来考虑自杀（我想到昨天听到小 N 自杀的可怖情形）。以这种方式来处置自己恰与对自己祝圣并奉献，使自己成为向一切需要自己的人开放的生活方式完全相反。

---

① 不可知论者之"或许"，对一个虔诚自献的心灵来说是绝对不能接受的态度。

1933年1月16日

下面一点非常重要，值得我们深思。对别人绝对开放与服务的人不自认有权随意处置自己。

自杀是与不能自由开放的事实相连的。

1933年1月19至20日

反省"我是什么"的问题和这问题所涉及的事。当我反省问"我是什么"这个问题牵涉些什么时，我发现它在指：我有什么资格来解决这个问题。结果，一切"来自我的"对此问题的回答均能被视为可疑的。

然而，能不能由另一个人给我提供一个答案呢？立刻会有一个异议出现：另外一个人能对我回答这一个问题之资格，以及对他所说的我们终能判为有效之因素，都是由我来决定的。然而我有什么资格来鉴定他的资格呢？为了避免矛盾，我不能不把我的判断指向一个绝对判断，以后者为标准来规范我的判决。然而这绝对判断比我自己的判断更内在于我自己之内。因为只要我稍把这个判断看成外在于我的东西，我就无法避免要再次撞到询问它为何值得我去遵循，以及它如何会被我珍视的问题上去了。到这里时，这个问题终于失去它的问题面貌，而转变成一个要求（en appel）。但或许就在我体认此要求之真谛的时刻，我会逐渐认出：

181

此要求之成为可能乃因为在我内心深处有某样不是我的事物，它比我对我自己来说更为内在——这要求立刻改变了它的标记。

有人会反对我说：这个要求从第一个意义来看能是一种没有对象的要求，它可能会以某种方式迷失在黑暗之中。但是这个反对有什么意思呢？如果说对这个问题我尚未获得任何答案，那就是说没有什么另外一个人作了回答。这样我就停留在观察到或不观察到什么的层次上了。可是这么一来，我就把我自己局限在问题化的圈子中去了（这是说可被置放在我前面的事物）。

1933年1月24日

昨天当我们在芒通（Menton）的山坡上散步的时候，我再次反省控制我们自己的控制力（la maîtrise）是怎么一回事。这点显然与第二力的反省有平行的关系。可以很清楚地看到这种第二控制不在科技的层面上，也绝不可能成为某一些人的专利。实际上，所谓空泛地想（la pensée en général），是说"某人"（l'on）在想；而这"某某"正是科技大框架中的人，也是知识论的主体——当知识论被视为一种像科技一样的知识，我相信康德的哲学就是个例子。相反，形上反省的主体完全与"某人"势不两立，他本质上不是"不论什么人"（n'importe qui）（或英文里的 man in the street）。一切企图奠基在空泛的一般性思想的知识论都喜欢赞美科技和一般的普罗大众（一种要把自己破坏掉的知识民主论）。此外我们不宜忘掉科技与它所假设的创造活动在比较之下也是低了一级的东西，因为创造活动超越了"不论什么人"统治的世界。"某人"也是降级的个

183

人；然而在承认他是这样的情况时，我们创造了他。我们活在一个世界之中，在那里这种降级的人或物愈来愈窃取了实体的形象。

1933年2月2日

　　我愿意把以前谈过的再拿出来加深探讨。应当说奥秘是一个侵袭到它自己可能性的内在条件的问题（而非它自己的与料）。自由便是基本的例子。

　　这个不可能问题化的事物（le non-problématisable）在什么方式之下才能有效地加以思索呢？如果我把思维的行动看成观看的一种方式的话，这个问题不可能获得任何结论。从定义上来看，这个不能问题化的事物不能被人观看，或被人客观化。只是这种表达思想的方式是非常不适合的；我们应当尽量给它作一个抽象。然而我们必须承认要做到这点实在不易。现在我所能看到的乃是思维的行动是不可表象化的（irreprésentable），并且必须如此了解它。甚至，我们必须了解：对它所作的一切描绘本质上是不相当的。如果我们不再相信思想可以有一个客观性的错误意象时，包含在思考奥秘这一事实中的矛盾就会化为乌有了。

1933年2月6日

我要重新讨论1月26日写的反省。为什么一个为别人完全开放奉献的人应当承认他不再有权自由地处置自己，就因为当他这样处置自己（自杀）时，他使自己不可能再自由地为别人献身，或者他的做法与那些从来不思虑如何使自己常能为别人开放服务的人所做的如出一辙。在这两种情形中有绝对的联盟。然而在自杀与殉道之间却水火不容。这一切反省都围绕着一个公式在进行：最彻底地把自己奉献给天主者必然地（*ipso facto*）是最自由最开放最喜欢为别人服务的人。这样一位圣贤愿意像一个好工具那样的帮助别人，但自杀是否认自己可以成为帮助别人进步之工具的事实。

1月24日（Menton）我所写下的观点继续对我显得非常重要。很明显的，"某某"是一个虚构，但大家似乎都同意把这个虚构体看成实物，它愈来愈如此。（然而技术人员不是纯粹的技术人员，因为他无法施展他的技能，除非他已达到最低程度的某

186

些生理与心理平衡的条件。我们还有资格询问：分析到底是否可能有处理这些条件的技术?）

让我们回到问题化（problématisation）的概念上来。我认为一切问题化的努力都受到观念上的立场所限制，这种立场主张，即使表面上看来并非如此，但仍应当维护经验的连续性。结果，从任何一种可问题化事物的角度看，奇迹（miracle）显得毫无意义。这一点实在很清楚。只是对这个经验连续（continuum empirique），我们是否也能加以批判? 我们应当在以这种方式询问此问题和我对奥秘所作的定义之间找到确切的联系。无疑地，我们在探讨一个具体问题（如邂逅）的机会时可以查看这一点。我颇想说：包含在一切问题化活动之连续性的是"为我而有的系统"(système pour moi) 的内在连续性。然而在奥秘内，我发现自己被拖曳而去的方向，是在"为我而有的系统"以外的地方。我"具体地"投身于一个本质上永远不会为我变成客体或系统的层次之中，而只是为一个超越我并把我包围起来的思想，对它我甚至只在理念上亦不能把自己与之等同。此处"彼界"(au-delà) 一词具备了它完满而真实的意义。一切问题化活动与"我的系统"有关系，而"我的系统"是"我体"的延伸。这种自我中心主义的看法是可争议的，然而实际上任何科学理论分析最终都显得依赖"知觉"(percipio)，绝对不是单靠"我思"(cogito) 的。无论任何问题化活动，其实质中心依然是"知觉"，虽然它非常小心地改头换面过了。

再说，我刚才试图寻找用推理的用词来翻译实用的神中心主义（théocentrisme pratique）。此主义的中心思想是："愿祢的旨意，而非我的意愿（得以承行）。"但另一方面我们应当看到，这种神中心主义预设一些极难形式化的理论断言：祢的旨意并不像我的求生意愿，我的欲望那样清清楚楚地被我知道。祢的旨意对我来说常是某种我要去"认明"和"辨读"的事物，而我的欲望却是自然而然地显露出来，并要求我就合它的需要。

1933年2月7日

　　我们愈对过去用具体的方式去思考，我们愈会觉得不能把它看成不变的死东西。真正独立于我现在的行动和不受再创造式解释影响的东西，是事件的某种图表，而这种图表只是抽象而已。

　　"深入研究"过去——并"阅读"过去。用科技的角度，用科技的光来解释的世界，就变成"可阅读"、"可解码"的世界。为总结我所有的观察，我敢说：相信有个不变的过去是由于精神的光学误差。有人会对我说：过去就其本身而言不会变动，看到有所动乃是我们思考它的方式所致。然而是否在这里我们应该取用唯心论的口吻来回答他们说：过去是不能与对它所有之观察截然有分的吗？——他们可能还要说：皮埃尔在某时曾做过如此这般的一个行为，这是一个不会更改的事实，能更改者只是对此行为的解释而已；这解释是在皮埃尔和皮埃尔所作的实质行动之外的。可是就在这里我怀疑，我相信这最后一个断言是错误的，虽然我没法指出错在哪里。在我看来，皮埃尔之实质存在——无限地超越皮埃尔之某一行为——依然亲身投入这种持续更新，并重新创造此行为的解释。或许这是一种荒谬的设想，待考。然而我毫不迟疑地会说：皮埃尔之实质存在体以一种几乎无法鉴识的方式与以后要加深了解他的作为，以及对那份所谓不变之与料加工的能力结合成为一个实在。这一个看法在最高层面，即在基督论的层面（l'ordre christologique），显得非常明朗，然而如果我们依序而降、去处理无关紧要层面的事物时，我们就发现愈来愈模糊与不确定。然而无关紧要的事只能算是一个极限，最杰出的小说家用他们的精妙手法向我们指出：严格地说，没有什么无关紧要的东西，并且不可能有。

1933年2月8日

　　我的历史对我自己来说并不是透明的。它是我的历史，只因为它对我并非透明的。就此而言，历史不能融入我的系统之中，甚至还可能会把系统摧裂。

1933年2月11日

　　我觉得，我所讨论过的一切还需要进一步探讨。基本上，"我的历史"并不是一个明确的观念。一方面，我把自己解释成一本可能写就的传记之主题。另一方面，就从我自己的一个亲密的经验出发看，我要揭发在一切可能想象的传记中心会有的幻想，我要把一切传记看成虚构。[这是我讨论施洛策的《果戈理》(*Schloezer's Gogol*) 一书所写的小文结论中所暗示的观点]。

1933年2月14日

反思自主性（l'autonomie）。我觉得，只有在管理、可以管理的层次，才能合法地讨论自主性。知识——作为认知的行为和工作——能同化到"管理"（la gestion）之中吗？

1933年2月15日

　　管理一笔财产。生命本身也能被人同化成一笔财富，被处理成可以被管理、被操纵的东西。在这些情境中，我们都可以谈自主管理的问题。然而我们愈上升接近到创造的行为时，我们愈无法讲自主；或者，我们可以在一个较低的层面谈论自主的问题，这是在发挥经营利用（l'exploitation）的层面。譬如说：艺术家发挥他的灵感。

　　学科自主的理念（Idée de disciplines autonomes），也应该从管理的角度去解释。发挥利用某种深度的观念，包括针对特别需要的而分派的工具和资本。然而当我们上升到某个哲学思想的概念时，以上观点完全失去其意义了。是的，事情真相便是这样。学科被处理成经营利用的场域或模式。

　　把这些思想与真理的观念本身联系起来。设法把那些认为人类在追求真理时应是自主的看法者所持的预设揭露出来。这对我今天来说尚不十分明晰。我觉得我们常从一个双重的概念出发，一面看到要进行经营利用的场域，另一面也注目在使经营有效的设备上。这似乎是我不让自己承认此装备可以"从外面"（*ab extra*）来补给的一样。我们还要说这是一种不能有实际效用的骗局。

我偏向于设想：自主的观念与一种主体之化约或特殊化行动（particularisation）相连。我愈整体地进入活动，我就愈不能合法地说我是自主的。（按此义来看，哲人比学者较少自主，而学者比技术人员的自主更少。）自主常与能严格地规划的活动范围之存在相连的。如果实情是如此的话，康德的全部伦理是建筑在可怖的矛盾之上，由于推理之错误而形成的。

从生命牵涉的一切事物的整体来考虑我的生命——假定以上做法是可能的——则它对我显得不是可管理的东西。（不被我，也不被我以外之任何人管理。）就因为如此，我发现我的生命深不可测（请参阅2月8日所记）。在管理者与被管理的东西之间应当存在某种均衡性，然而在这里并没有。在"我的生命"的层次中，管理包含损毁（mutilation）的意思（在某些情形中，损毁是免不了要发生的事，但在别的关系中却是亵圣的行为）。就这样我们终于到达了超越自主与不能自主的他律（hétéronomie）对立的层面。因为他律就是被别人管理——然而仍旧没有跳出管理的窠臼。我们停留在同一层面。然而在爱与灵感的地区，这些区分完全失去了意义。在我内心的某一深层，在那里许多实际的分类都消融在一起，"自主"与"他律"的词就不能再适用了。

1933年2月16日

　　然而在这一切讨论中，是否我忽略掉"自主"一词的重大意义呢？这是一个理性上有自发性的观念，它在实现自己的时候具有法律的地位呢！事实上，一个对自己普遍立法的理性的观念，在这里要以怎样的面目出现呢？或深入地看，我们应当给予立法这个行为哪一类的形上尊严呢？实际上，一切问题均在这儿。我认为立法行为只是管理之形式罢了，因此并不超越后者。从此可知，一切不受管理约束范围的事物本质上也不受立法的约束。

　　作为"非他律"（non-hétéronomie）的自主性。这个说法让我想到：用现象学的讲法，自主牵连一个曾被假设但已丢弃的他律。一个开始学步蹒跚而走的幼童拒绝别人向他伸出的手臂，就是这种"我自己一个人做"的肇端。自主的萌芽公式便是："我愿自己做我的事务！"它针对的焦点是"做"什么，而就像我前几日所写的，它暗示着在时空中被规划的活动的某种领域。一切

196

属于"利"的层次，不论是哪一种，都能被我们相当容易地处理成以这种方式划定的地区或省份。更有进者，我不单能把我的财富，并且把那些绝对不能同化到财富，或更一般性地说，一个"有"者将以管理，并且处理成可被我管理的东西。相反，就在"有"的范畴愈不能适用的地方，我愈不能再有意义地谈"管理"了，不论被别人或被我自己管理。因此歪论自主。

1933年2月21日

　　我们一进入存有之中，我们就不在自主的范围之中了。这是为什么凝神——由于它的功能使我与存有再次接触——把我引渡到一个在那里自治成为不可思议之地带。这种情形也能适用于灵感的经验，并且一般讲要求我整个存在参与的行为。（爱一个人所产生的效果实在与灵感很相似。）我愈存在，愈肯定我自己是存在着的，我就愈不能把我想成是自主的。我愈能思考我的存有，我就愈无法想象它能合适地具有自己的裁判权（jurisdiction propre）。[①]

　　[①]　这些句子反映出一个能在自己系统内相当重视某种本体性的谦逊形上学的主要特征。这个重视自斯宾诺莎以降，大部分的传统哲学都归诸自由。这一点也可以说真实无误，如果它们宣称主体自负地把自己理性地与某个内寓于整体之思想等同（une certaine Pensée immanente au Tout）的话。然而在我要尽力建立的形上学中却要绝对否认有这类等同的可能性。（1934 年 9 月 11 日注记。）

1933年2月26日

    假定在人类历史中，有几千人或全体人类，完全白白接受过一个绝对恩惠的话，请问哲学家在什么意义之中，应当或有权将它加以抽象？愿意援用自性观点的人 [或用内寓原则（le principe d'immanence）的人，这二种观点实际上殊途同归] 立刻会说："这种恩惠在思想辩证地调节好的过程中，将构成一个异体（un corps étranger），一个使人理智触礁的事件（un scandale）。身为哲学家，我无法承认它、接受它。"这种不接受的态度是否已包含在哲学的概念中呢？总之，这些人拒绝让某种东西侵入被他们认为封闭的系统中。然而具体地说，对我这个哲学家来说，我对这个现象有什么解释呢？这个系统不是我的思想，它溢出到我思想以外的地方去。我的思想只是插入某种永不止休地发展着的洪流中去，然而它自视与这洪流原则上共久长在

（co-extensive）。①

<hr />

① 我说：它溢出我的思想以外，并未讲错；但是更主要的一点乃是：我的思想也溢出系统之外。此处我觉得可以批判"就在于"（en tant que）这个观念。我非常自然地会想：哲学家"就在于"是哲学家，这是说就当他在他的自己存在之中作一个能损毁他自己的区分时，他就在否决自己是哲学家。20世纪最活泼的心智，如尼采、叔本华都曾竭其所能地揭示这种辩证真理。因为对这种辩证性的领悟，哲学家一般会否认自己是专家。（1934年9月注记。）

论“有”

某个有一致性的主体（unité-sujet）成为某一事物依附或领悟的中心。它们两者有相互关系，或我们把它们处理成有相互关系的事物。其中有之及物（transitive）关系只在文法的层面上（“有”之动词几乎从来没有用在被动句，这有深厚的意义）。这个关系主要影响到的是具有一致性的主体，并且逐渐地把自己内化在主体之内，变成后者的一个状态；然而这种变化或吸收不可能达到完全的程度。

为了能够实在地“有”，主体应该以某种程度“是”，这是说，主体是无间地（immédiatement）为自己，领会到自己受到的影响，并忍受改变。在“是”与“有”之间有相互的依赖关系存在。

我发现在向某位访客展示我“有”的某画家的珍画之事实和我“有”对某些问题在适当机会中发表之见解的事实间，有非常贴近的相似。我们所“有”的东西本质上是可以向人展示

（exposable）的东西。有一些属于存在或存有层面的东西，一被我们处理成可以向人展示的物体时，立刻会变成实体化的"所有"。但是我们能有意义地说：对……有意识指在自己面前将它展示。意识本质上不是一个"有"，不是一种"有"的方式，但它能成为享受一种它待之若"有"之事物。每一个行动都溢出"有"的范围，但能在事后也被处理成为一个"有"。这是由于降级所致。我领会到："秘密"（lesecret）与奥秘不同，本质上是可被展示之"有"。

我们不应当忽视一个事实：一切精神之有（tout avoir spirituel）都从一个不能展示之泉源中汲取给养。（我的观念植根于我所是者。）然而不可展示者之能成为如此的特征，乃是它不属于我，它本质上不属于任何东西。从此看来我也能不失意义地说我不属于我自己，这正是说我绝对不是自主的。

1933年2月27日

我们展示我们所"有"的东西，我们启示我们所"是"者（当然只是一部分而已）。创造活动可以看成不可展示的东西之解放。哲学工作中没有创造性的时候，也没有什么可谓是哲学的东西。它不可能不否定自己和出卖自己，结晶成可以变成单纯被同化和占有的成果。

1933年3月1日

　　我们能不能从"有"出发,来给"欲望"下定义?欲求是以没有的方式去有(avoir en n'ayant pas)。这是说,在欲望之中早已完全地存在"有"之心理的或不能客体化的成分。然而正由于与物体化的成分拆开了,所以欲望叫人感到如割的痛苦。

1933年3月4日

下面我的见解如果显得有异端的嫌疑,我只能对正统派人士说声遗憾了。我有一个刻骨铭心、牢不可破的信念:不论有多少神修大师,他们的看法与我的南辕北辙,我还是相信,上帝绝对不愿意我们为爱祂而必须反对祂所创造的事物,却愿意受造世界,并以此作出发点来获得祂的光荣。这是为什么那么多的修身宝册对我而言成为无法忍受、不忍卒读的书籍。那个与自己创造的东西对立,并且似乎嫉妒祂自己的作品之神,我觉得只是一个偶像而已。把这些思想写出来,我心中大感舒畅。我还要声明:除非到一个新的境界里去,不然的话,每次我要发表与我刚才所写相反的断言时,我就是对我自己的不诚实。昨天与 X 君一席话,令我感到周身不舒服。我同他说,我最讨厌"宗派主义"(confessionnel)。他不了解,并说我骄傲。我却觉得相反的态度才是骄傲。①

---

① 总之，我认为绝对正确的看法是：一切"神性心理学"（psychologie divine）的企图，一切自以为是地想象神对我有什么样的态度，都叫我产生强烈的不信任。因为我觉得我绝对不可能同意即使只以理念（idéalement）的方式把自己放在神的位置上，然后从祂的角度来看我们自己。我并非不知道从这种可能性会产生形上学和神学方面的严重困难。然而我应当承认：神学家们用模拟的观念（l'idée d'analogie）来逃避困境的做法反而会引起更大的反对。以上所作的解释，所举理由对我自己来说也不算站得住脚，我对我所写的感到非常不满。（1934年9月13日注记。）

1933年3月5日

昨天所写的日记实在还需要修饰一下。对我所处的阶段而言，这是真的；然而这个阶段仍是初级的。

重听由温加特纳（Weingartner）指挥的《庄严弥撒曲》（*Missa Solemnis*），我再次体会到1918年聆听该曲时有过的深切感动。我觉得没有更好的作品能更切合我在思考的东西。它好似一道明光般地解读了我的思想。

1933年3月8日

我的脑海整个下午萦绕着勃拉姆斯（Brahms）的一句乐句[我相信这是他的间奏曲（*Intermezzi*）第 118 号中的一句]，使我突然领悟到有一种不属于概念层次的普遍性。这就是音乐观念的作为钥匙的所在。只是，为了解这一点可好不简单！这种领会不是唾手可得的，必须要经过一番长时期的精神酝酿（gestation spirituelle）才会出现。这与有生命的存在（l'être vivant）有密切的类似性。①

---

① 这上面所写的都再需要加深推敲、思考。柏格森言之有理，他认为我们处在一种次序之内，在其中时间的延续性以某种方式与它为之开路并使之成熟的东西化合成为一个了。然而柏格森并没有足够地说明实在界中这种次序的结构状况。（1934 年 9 月 13 日注记。）

208

1933年3月10日

　　再来反省自杀的问题。说实话，经验似乎向我们指出：人们能"处置"，能"废弃"……因此我把自己看成也能任意处置我自己的人。然而我们在这里必须确定在那些限制中别人的道德性能真正地从外面被体验到。这种经验针对那些从来不把我当作一回事的人（从未为我存在过的人）来说更是实实在在的。然而对那些曾经一度重视过我，并且还继续保持如此态度的人来说，"处置"两个字就会失去其意义了。（"属于过去"这一说法所表达的意义并非是单义的，它能有无限级数地减弱。最强烈的看法就是把它看成一种报废的工具，丢在一旁，不予置理。）当然有人会向我说：我们应当彻底分清楚下面两种不同的情境：一种是把别人看成我的确可以"除去"的客体，另一种则是我的心智对他建立的一整套的主观的上层结构（superstructures），而这一套上层结构由于附着我存在，因此只要我在心灵中还愿意把它们保存下去的话，它们不会随着客体消失而消失的。但是就像新黑格

209

尔派人士明察秋毫般地见到的那样，上述的区分非常不稳定，我
们应当慎重处理。因为在关及一位同我的生命紧紧结合在一起的
存有时，这种说法会逐步完全失去它的意义。除非你坚持"紧紧
结合"的说法在这里不适用，并且你强调绝对的单子论，不然的
话，你无法否决我的看法。如果事实并非如此——依我看来很显
明地事实并非如此——那么我们应当承认在具有真实的亲密关系
（une intimité effective）的地方，这种出发点是行不通的。一种亲
密性：这实在是这里的基本观念。

　　从上所言，我们可以清楚地看到：除非把我自己完全看成陌
路之外，我不能把我自己看成可以被我自由"处置"（be disposed
of）的东西。简言之，我必须把不断地来纠缠我的这种心态毅然
地置于一边，纠缠（hantise）一词，我取其英文含义。我终于达
到了如下的结论：我愈同我自己建立起一种有效而深刻的亲密关
系，我就愈不能把我自己看成客体，并且设想自己有权有朝一日
将这客体彻底报废——后面这种看法值得怀疑，甚至显得荒谬。
[很明显，当我引用"纠缠"（hantise）一词的时候，我在提醒自
己如果我谋杀一个人以后，所能引起的许多后果。实际上我并不
能把我的牺牲品扔掉。我自以为已经把他灭绝，然而他阴魂不
散，无时或息地骚扰我。] 此处可能还有人要向我说，问题的关
键还是在于要知道：这个牺牲品本身会不会意识到他在那个自信
已将他从自己的宇宙中擦掉的人身上所引起的无间断的困扰呢？
这里我们应当更缜密地考察意识这个问题。首先应当把这个应用
得太多而意义变得含糊之词加以更新。很显然地，如果我死执心
理生理平行主义的看法（un certain parallélisme psychophysique）
的话，我会宣称：在我的肉体遭到毁坏之时刻，我的意识毫无疑

问地也要被消灭掉。剩下要知道的便是对这种平行主义我们应当如何思考才好。

对我来说，由于这个世界有如此形式的安排，因此我们都多多少少感到倾向于相信这种平行主义，从而也相信死亡之实在性。可是在同时有一个比较隐秘的声音，有一些比较精微的暗示叫我们感觉这只能是表面的粉饰，并且只能被看成这种表面粉饰。这里终于出现了自由，自由反抗一切表面的事物。就在自由逐渐自觉的过程之中，体会到在经验的边缘有某一种共谋似的东西，有某一种承诺——其中有许多互相照明和增强的暗示。这些"共谋"和"承诺"都指向尚未被人想象过的解放和曙光。关于死亡和克己（mortification）。基督徒把死亡与生命相形比较之后，将前者看成"一个更多"（un plus），或"一个到更多的过程"（un passage à un plus），一种喜出望外（une exaltation），而不是像有些可怜的人认为的是一种凌迟，一种否定。如果实情是如此的话，那么尼采所言完全有理了。然而他还是错了，因为他坚持以完全素朴的方式（naturaliste）来观照生命，而从这个角度出发的话，上述的问题不再具有任何意义。以这种观点看生命的话，生活之内不存任何超越境界，生活内不再有高峰经验（surélévation），它不能再被超越过去。

无日期

论存有的问题

提到存有，就叫人想到似乎在寻问世界之最后材料是什么的问题。这是一个本质上会叫人失望的研究。一层一层的反省下去就会叫我们看到："材料"（l'étoffe）之观念本身非常暧昧不明，可能不能应用到以整体观察之世界上。尤其因为这个质料，即使我们能够鉴定它是什么，很可能显出这不是问题的关键。如此，在产生这问题之需要——它本身是模糊的——和发问时取用的术语之间就出现了一种间隔、一个差距。即使这个问题能够予以解决，发问这个问题时所有的需要也并未获得满足。此后，这种需要会变得更尖锐。若然，那么应当循此而寻找一个可理解的组织或结构来谋求问题之解决。

上面所提的只是可能尝试探讨存有的方式之一。

此外尚有别的方式：反省外观的观念（l'idée d'apparence），反省有外观这一事实本身所具的含义；另一方面，反省作断言这一事实（le fait de l'affirmation）。

有一些能够被明显地揭示为外观之外观。这里有一切形式的奇想幻景。但在这个次序中，我们所能做的只是一些纠正而已。我们还会有很大的诱惑把这些线索延长而把整个的经验看成现象。只是我们要遇到在分别第一性第二性时类似的很难解决的判准问题。反省的结果使人发现第一性对第二性来说不必一定具有更高级的本体尊威。这里我还领会到理性的迫切需要在作用着，而在使这种需求明朗化时忍受强烈的苦楚。

断言的问题。一切存有论都把焦点放在肯定这一个行动上（l'acte d'affirmer）。但是说真的，此行动不从它本身去考虑，也不把它当作行动的方式去思索，却从它的特定的意向性角度去推想。然而也就在这个区域中存有论与狭义的逻辑学之间能建立起一种具有危险性的邻近。

1933年3月12日

在一切情形之中，断言绝不显出为它所肯定的实物的发生者。此处有这一条公式：我肯定它，因为它存在着。这项公式已经把一个第一反省翻译出来了。在这个阶段，"它存在着"显得似乎在断言之外，并且是先于断言之事实。它是指向一个与件的。然而，马上要出现一个第二反省了。断言在反省它自己本质的时候，逐渐会走到一个保留"它存在着"并几乎是神圣的地域里去。从此我对自己说：这个"它存在着"本身假定了一个断言。从这里开始要出现一个无终点的倒退，除非我不把断言肯定成存在的发生者。我们暂时最好不要逼太紧。让我们接受一种存有在我身上先作过投资的看法。此处所说的"我"乃指作断言之主体。这个身为存有与断言之间媒介（médiateur）的主体所干涉的范围实在不小。我在1月19日札记中提到的问题再一次出现了。因为我要无可避免地提出一个问题：这个我对向他投资的存有来说有什么本体地位？是否他沉没到存有里去，或相反他能以某种方式向存有发号施令？但如果他能向存有发令，是谁给他这种权力的，并且这种权力确切地说在指什么呢？

1933年3月14日

我们能不能说：透过更深刻的反省我们会体认出断言假定了一个从某一个立场出来的力量（une puissance de position），此种力量以某种方式走在断言之前，并且给予后者以所要肯定之物实质内容？很可能这是真相，但是我怎样去接近这个真相呢？

至少我们可以注意到这种。从某立场出来的力量本质上已超越到高于问题的层次上去了（请参阅 2 月 6 日所记）。

这几天焦虑在泛滥着。裁军的协商会议告吹。凯尔发生了事故，在那里弥漫着恐怖气氛。有时候我觉得活在一种我们一切人和我们所爱的一切都被死亡所笼罩的氛围中。今天下午在往访 V 君的路上，途经康达明街（rue La Condamine）时，我忽然有所领悟，就是这个简单的观念："想到一个梦在逐渐变为噩梦，但当噩梦发展到最高峰的时候，你就要惊醒过来。这就是你今天称之为死亡的事件。"这个思想令我的心安定了。这也是对常侵袭我的巴黎会遭到毁灭的噩梦服用的一贴有效的安慰剂。

1933年3月16日

"奥秘（the mysteries）非指某些超越吾人的真理，而是指那些把我们紧紧包围起来的真理。"[朱福（Jouve）神父语。]

1933年3月31日

有关 N 的自杀……把我自己下降为绝对的无能是否是在我的权力范围内能够做到的事呢？我能不能使用我的意志力去做这一切，甚至于到使我自己不能再有所愿、再有所能的程度？实在界会不会允许我实施这种绝对变节（defection）的做法？或至少谁会如此愿意呢？吾人所能肯定的最大限度乃是：实在界显得具有如此这般的一个结构，使我会相信有这一种步骤之可能性，并且相信它最后的有效性。在我周围的一切表象串联在一起鼓励我相信：我实在可以"把我自己除灭掉"（get rid of myself）。

这是一个自杀现象学所要表达的内容。它要检讨如何自杀不能不对我显得好似完全的解脱（affranchissement total），但是在这种情况之中解放者在解放自己的情况之中同时把自己消灭掉了。

可是这里有另外一种反省的方式，这是一种"超现象学"（hyperp-hénoménologique）的方式：在我周围串联起来的外观真的告诉我实情吗？它们似乎以结盟的方式逼我相信我有彻底的自由。但是对我自己所行的这类绝对的行动究竟可不可能呢？如果真是如此，那么我好像有权利宣称我的生存事实完全出于我自己，因为我之所以能继续活下去只因为我允许我自己如此而已。现在我们要探讨之焦点乃是：在容忍一种我称之为彻底的背弃（une défection absolue）结构的世界之中我这个人究竟具有怎样的实质呢？我觉得至少有一点分外地明显：如此这般的一个世界彻底排除我参与那建立我的主体实在性之存有的可能性。在这种情况之下我只是某种莫名其妙的偶发事物，然而对这个我把自己下降而成的事件，我又赋予能有的最大权威。此中有没有一种内在的矛盾呢？用另一种话来说，我是我的生命，但我还能思索它吗？

1933年4月11日

再一次领悟下面的见解。我们之中每一个人，在每一时刻都能发生最不吉利的事或我们认为不吉利的事。这个看法应当与一个神的观念，和一个全能上帝的观念配合起来。那么最不吉利的事会发生岂非证明上帝绝对无能的吗？在无限之脆弱及无限之威能之间似乎有一种奇妙的联结在起作用，这是一种在因果关系以上的重合。

1933年7月23日

与 R、C……讨论痛苦与恶的关系。我认为这种关系严格地说是非实证性的，那是说，它不能被引渡到某种特殊经验的层面上去。在某位忍受剧苦的人面前，我绝对无法说：你的痛苦来自一个可能你本人并非是犯者的恶的报应。（C 提出遗传的因素，按宗教观点来看，这种说法已经脱离了正规。）我们现在处身于"难以理解、深不可测"（*l'insondable*）的状态之中，而这里有一些我们应当用哲学的方式来澄清的事物。有一件很不寻常的事实，即事实上痛苦只在含有深不可测之奥秘的特性时，才能具有形而上的或精神性的意义。然而另一方面，我们也看到一个吊诡的情形，即一切痛苦本质上是"这个痛苦"，因此我们会有一种几乎无法抗拒的诱惑为它寻找出一个本身也是被决定的、特殊化的解释或说明。而这却是不可能的事。从宗教角度来看，这问题的处理方法在于把无法测量者转化成积极的价值。我隐约看到如下的一套辩证：如果我们要用报应来作特殊的说明的话，我们就把神看成"某一个人"，那是说，把祂置放在受苦的某特殊存有的同一平面上，而这必将激起这特殊存有采取讨论和反抗的态度（为什么是我而不是另一个？为什么要罚这个过失而非另一个过失等等……）。然而明显的正是这个比较与讨论的层面，我们必须超越过去。这的确与下列的说法如出一辙：这个痛苦应当被了解成实际地参与普遍的奥秘，此奥秘非他，乃人与人间具有形上联系之博爱情谊（fraternité）。另一方面我们切勿忘记：那位站在圈外的人士——我想到的是 R、C——那位叫我注意到我的罪与我的痛苦之间有联系者，应当具有作这种解释的内在资格。他不可能如此，除非他本人是一个完完全全谦逊的人，并且把自己投入我的罪内，参与我的罪。甚至可能他应当参与我的痛苦。简言之，他是另外的一个我。如果他留在一个纯粹"他者"的地位上，他不能这么做，他的资格不够。从这些反省我们可以转渡到对基督的哲学立场上去。①

---

① 以上的意见对我来说对包含在司铎品位（le sacerdoce）内之形上关系具有极大的重要性。（此处我们也不分哪一宗派的神职。）我相信这些意见能帮助我们分辨司铎和伦理学家态度间有天渊之别。当司铎把自己转变成伦理学家的时刻，他就否认自己是司铎了。

1933年7月26日

"有"与空间性（spatialité）。"有"与"获取"有关。然而能被获取者都是在空间中之物，或可同化到空间之物者。以后还应当仔细考察这两句话的含义。

1933年7月30日

在罗托（Rothau）时我就愿意记下这句话：痛苦的所在地似乎处在"有"流入"是"之地带。可能我们只在我们的所有物那个层面才会轻易受伤（vulnérables），但事实上是这样吗？

刚才在策马特（Zermatt）之顶上作了一次舒畅人心的散步。我相当仔细地再次思索"过去"之本质的"易变性"（mutabilité）。实际上，把事件看成在历史过程中一样一样沉放下去的事物的观念是错误的。如果我们靠近审视一下，就会知道没有什么历史性的沉淀。过去常常相应于我们以某一种方式对它的阅读。而我感到在我心灵之中"过去"和专注于过去之世界之间有愈来愈明显的相互紧张关系。如果实情是这样的话，"发生一次就成定案"，或"单纯地发生之事而已"的看法就包庇了一个货真价实的谬论（paralogisme）。我不能不思索在这里我碰触了某条我尚未真正投身的思路入口。可能这里有一些可以澄清死亡真谛的灵感。然而我承认我并不清楚看到了

什么，所看到的只是一种预感（presentiment）而已。我们应当
继续努力寻找对历史性沉淀之观念所作之批判中所具有的积极
含义。

1933年8月13日

"认知"作为"有"之一种方式。占有一个秘密、据有之（détenir）、安排之——这里我们再次发现我从前写过的关于"可展示物"（l'exposable）的意义。在秘密与奥秘之间有绝对的不同，后者本质上便是我不能据有，我不能随意安排的东西。知识由于是一种"有"，因此本质上是可以通传给别人的。

1933年8月14日

在"有"之内含有双重的恒久性（double permanence）。（我常喜欢把"有一个秘密"作为范例。）秘密本身是某种抗拒持续性的东西，为对付它，持续性（la durée）显得无能为力，或至少它（秘密）被看成如此。但是从主体的角度来看，情形也是一样，为有之者言，不然秘密就会把自己消灭掉了。很明显，秘密可以直接同化到被储藏的客体范畴中去，好像是在某一容器中保存的物品一样。我想只要我们站到"有"的境界，我们常能作这种同化的行为。只是有一件值得我们注意的事：分析在空间中保持什么东西的事实时，思想不会在空间的层面停滞，而必要进入精神的层面。很久以前我就把这个看法记录下来了。

我又反省到什么程度我们"有"一个感受，在何种条件之下，一个感受（un sentiment）可以被看"有"？我相信只能从社会的角度去看，并且就在我与我自己对话的情形中才行。

临在，乃我绝对无法处置的东西，是我没有的东西。我

227

们常常会有诱惑，或把临在转变成客体，或把它看成我的一面（aspect）。这是说对思索它我们没有足够的条件。这些反省可以适用到无数的事例中去。

心智之有（L'avoir mental）。某些人有一种心理结构，他们能够随意地处理心智之有，就像处理这个那个客体，或已归类的文件似的。他们用自己也仿效在他们周围由他们建立的分类模式来组织自己。但是我们也可以倒来说，外面的分类其实只是他们在自身设立的次序之外可见的标志而已。总之，在两者之间有的对称都趋向于更严格。身体之干涉反而成为扰乱次序的原则，一种本身无法被人探测的原则。我在我自身建立之次序依赖于一种分析到底绝不受我支配的某种事物。

当我处身在所谓"正常"的条件之中时，我的心智之有会顺应"所有物"之特性。但一旦这些条件有所改变时，它就不再如此。老实说，这些条件本身以某种方式依赖着我，因此，它们也有些像所有的东西。但是扩大范围来看，这是幻想。

1933年8月15日

再一次我想知道拥有资质（qualités）之事实指什么。我觉得"也"（l'aussi）字只在"有"的次序之中才具意义。可能为思索资质的意义有一条路行得通，那就是向"有"的范畴求援。如果我们要设想（或自信能设想）资质并列的问题，"有"的范畴实是非用不可的权宜之计。今夜我感到筋疲力尽，然而我觉得此中有路可循。

1933年8月16日

我要说的是这一点：当"也"（*l'aussi*）和"加之"（*l'en plus*）这类范畴一干预我们的思维，"有"的范畴就立即偷偷地上场了。这种说法甚至仅对一个资质来说也是有效的——只要在我们不能不把它想象成"加"到无（rien）上面去的情形之下（在某种理念型的容器之内）。我觉得从上所述我们可以引申出非常重要的形上后果，尤其是有关神我们无法以"有"的模式，即"有……者"去想象的事实。从此可知，一切有关属性（attributes）的理论均不可避免地会把我们导入歧途。"我是自有者"（*ego sum qui sum*）这是《圣经》中上帝的自称，从本体角度来看，实是定义上帝最适合的公式。

这里我们可询问一下在"有"与"被动性"（passivité）之间有什么关联。我想我们之成为被动者，我们让别人别物操纵自己之多寡，就以我们参与"有"之次序多少而定。然而无疑的，这只是一个更深刻实在的一方面而已。

230

"有"能不能被视为以某种方式是吾人所不是者。很明显地对我来说，这些表面上是如此抽象的反省，实际上是建立在一个分外直接的依附在吾人所占有之物的经验上（这些占有物貌似外在，事实上非然）。我们应当常常回到典型个案去看，此处便是身体性（la corporéité），指有一个身体，有的原型，绝对有。而在身体性之上，再把握我与我的生命的关系。这样我们才能理会牺牲生命之本体意义，即殉道的意义。我已经记录过类似的看法，但我们应当不断地再回来讨论。此时此刻我看得比较清楚的一点乃是：我们必须同时强调在殉道和自杀之间有貌似等同，实际上相反的性质，前者是自我肯定 ①，后者则为排斥自己。

基督徒的节欲修身功夫（l'ascétisme）之本体基础就在于此。只是我们不能把这种超脱（détachement），如贫穷和贞洁，看成抽象的行为。我们所放弃的东西应该同时在一更高的层次上寻回。我想我们应该在这些反省指引下重读《福音》中的一切章节。

---

① 很明显地这个公式并不周详。在殉道中受到肯定的实非"自我"，而是存有。自我以一个凭借他放弃自己存在之行为来为存有作证。我们也可以倒过来说：在自杀的行为之中，自我借着他原想用来使自己与实在界割断关系之方式肯定自己。（1934 年 9 月 27 日记。）

1933年9月27日

　　我重读了最后的札记。分析"归属"(appartenance）的观念。我的身体又属于我，又不属于我，这就是殉道和自杀水火不二立之根由。我们值得从事一项研究，来考查在哪些限制之下我们可以有处置自己身体的权利。若美其名说我体或我的生命不属于我而申斥自我牺牲的行为，这也是一种荒谬。我不能不询问在什么意义之下，在什么限制之下我是我生命的主人。

　　"归属"的观念似乎假设了"有机体"(organicité）的观念，至少后者是包含在有一个"内在性"(un dedans）的事实之中。然而这个"内在性"观念尚不太明晰。如果我们深入推敲它的含义的话，我们实际上会发现它不是纯粹时间性的。最好的例子是一幢房子，或一切能够同化到房子去的东西，譬如一个山洞。

　　在卢森堡公园散步时，我想到了下面一个定义："'有'是为某个其参考坐标指向他者之为他者的层次而作用的事物。"[1] 事实上我们应当看得到：隐藏起来的东西，或秘密，必然地是可以被展示出来的东西。明天我要勠力从存有的角度来思索这些提示的副本。我觉得非常明显的是，存有丝毫不具这类状况；可能就在存有的层次中，"他者"这个范畴要被化解掉，并且被否决掉。

---

[1]　中间的链条，此即"内里"与"外面"区分之事实，暗示一种展望方式（perspective）的效果，这种展望方式只在有"雷同"（the same）和"有殊"（the other）区分的情形下，才有可能作用。

1933年9月28日

我在寻思是否"内"与"外"之分别会被存有之为存有否决掉。这种思考与外观的问题有连带关系。我要问的是当吾人应用"外观"的概念时，我们就不知不觉地踏上了"有"的层次中去了。当有人问在存有和存有提示之外观之间有什么关系时，他就是在设法把后者整合到存有中去。然而，就在我们让整合（intégration）的观念进入讨论之中的时刻，我们就移入了"有"的世界。存有似乎绝不能成为一个总数的（une somme）。

1933年10月7日

让我们再回到"有"的范畴中来，看它如何包含在一主体具有（带有）宾词的事实里。在"为自己保存"及"于外界产生一些什么"两个事实之间存在的对立并非是绝对的。在"有"本身中同时具有这两种性质和这两种节奏的可能性。让我们来考察这一点与意识行为之间的关系。意识本身是否也包含这种双重的可能性呢？或许在有意识之事实和显示出来使别人也意识到之事实间并没有什么基本上的差别。当我对自己有什么意识的时候，"别人"已经也在那里了。正因为有上述情况发生，我想如果能把意识到的东西表达出来。从这里我们应当迈入下意识和超意识的领域中去。我们能把它们分别开来吗？或许我应当把这个反省与我以前有关"我是什么"所写之含义对照来看会有裨益。（见3月12日日记。）

我们能不能说，只在与"有"有关系的东西，或能被处理成"有"之事物间才有"问题"可言？我把这点与我对本体奥秘所写的报告关联起来了。在可以问题化的领域之中，"内"和"外"之区分显得非常重要，但一接触到奥秘它就荡然无存了。

1933年10月11日

考察"有"与"能"之间的关系。如果我说："我有做……的能力。"这是指：此能力已列入我的属性，已是我的产业之一。但这并非是一切：有什么乃是指能做什么，因为以某种意义来说这实在是能处置什么东西的能力。这里我们触及了在"有"之中能有的最晦涩、最基本的一些方面。

1933年10月13日

　　我应当把最后几天所写的日记与以前读过关于功能化（le fonctionalisé）生活的片段联结起来。所谓功能，本质上就是某样吾人所"有"的东西，我的功能把我吞噬到什么程度，它就以此程度变成了我，它取代了我之所"是"。我们也能把功能与行动（l'acte）区分开来，因为行动明显地不属于有的范畴。只要我们一有创造性的活动，不管它们达到什么程度，我们就进入存有里去了。这是一个值得我们仔细解释的角落。对这种看法能够发出的疑问之一乃是：创造活动从此词之有限意义角度看，或许只能在某种"有"之内才能实现。一个创造活动愈能从"有"的范围中解放出来，它就愈能达到绝对创造的境界里去。

纲　要

1. 在哲学史上有一个很有启示性的事实，即大部分的哲学家都本能地回避"有"。毫无疑问的，这个事实之发生基于"有"之概念内有非常暧昧、晦涩和几乎无法阐释的成分。

2. 当某一位哲学家的注意力转到"有"的时候，他就会领会到这种态度是难以向人辩解的。另一方面，对"有"作一个现象学式的分析倒很能帮助我们对存有产生新的认识与分析。我所称的现象学分析乃指分析思想中尚不明显的内容，而非指对"状态"(des *états*) 所作的心理分析。

3. 我认为：

（1）只有在某种事物 (*quid*) 牵涉一个"谁"(*qui*) 的时候，我们才能提及"有"。(此处"谁"，或"某某人"乃指一个依附及了解之中心，以某种程度来说是有超越性的主体。)

（2）更严格地说，我们无法从"有"的角度来讨论我们的问题，除非我们以某种方式，以某种程度已经被移入一个次序之

239

中，在这次序内"外"和"内"的对立还具有意义。

（3）这个次序对反省的主体呈现出一种面貌，即它本质上包含着把别人看成别人之参考坐标。

4. "有"之次序实在就是作宾词行为（la prédication）和可特征化（le caractérisable）之次序。但此处有人要问的形上问题乃是要知道到什么程度一个真实的实在物会让自己特征化起来。并且是否存有本质上是不能被特征化的（当然不能被特征化并非指不能被限定。）

5. 不能被特征化者也指不能被人所占有的东西。从这里有一条通向"临在"的路。我们可以把这些反省衔接到在有关"你"和"他"之不同的讨论上去。很明显地可以看到，当"你"降成"他"时，这个范畴就跌入可以被特征化判断的魔掌中去了。然而反过来也洞若观火，"你"之为"你"时，此范畴屹立在另一个平面上。从这个观点出发我们可以查考一下"赞美"的含义。

"欲"（le désir）和"爱"之间的对立能给我们对"有"与"是"之了解非常重要的启示。欲求什么，实际上是有宛若没有一样。"欲"能同时看成以自我为中心（autocentrique）及以非我为中心（hétérocentrique）之态度。但是爱由于把我们种植在存有之中，而超越了"雷同"与"相异"之分。

另一个由此可以推出的适用观念乃是自主和自由（autonomie et liberté）之间的对立问题。

1933年10月23日

今天我注意到一点：在容器内的物（le contenu）实在具有某一潜能行动之观念（能倒出来，能溢出来等）。在容器内的物和所占有的物，都具有某种潜能。容器之内并非纯粹的空间性物。

1933年10月27日

　　我要深入探讨我迄今未思索过的题目，"是"依赖"有"之性质：我们占有的东西把我们吞噬。保存的需要有其形而上之根由。可能我们可以将这个观点与我以前所写关于疏离的看法相关联。自我与被占有的东西化成一体。更有进之，可能只在有占有行为之时才有所谓的自我。在任何具有创造性的行动里，自我化失了。然而只要创造性活动一停止，自我似乎又会出现了。

1933年10月29日

我要把以前谈过的无法特征化者再加以发挥。当我们思考一个特征时，我们不能不把它用一个"属于"的动词与一个主体联结起来。这里有一种象征的应用，我们应该设法把它的特性加以确定。我们处在一个本质上使用"也"之形式的层次之中。这一个特征是"在许多他者之中"被甄选出来的。然而另一方面，我们不取现象学主义所持的看法，我们不把自己看成站在一堆收集品（une collection）之前的人物。"谁"（qui）之为谁，常有其超越性。然而他的超越性是否会受到我站在他面前所采取的态度影响？他的超越性是否只是抛射（une projection）而已？这一切对我还是相当模糊，这是一个尚须确定的观念。

思考某一个他者，即以某种方式面对这个他者而自我肯定。更精确地说，他者是在断崖另一端，他无法与我沟通。然而这种破裂，这种不在场（cette absence），只在我驻足不动，把我自己以某种方式包围起来的时候，我才能领会到。

243

1933年10月30日

这是我若有所悟的事物。有"雷同"和"相异"之世界是可被鉴定的世界。我在其内当囚犯多久，我就把我自己封闭在不在场地带多久。而且只有当我把自己局限在这个地带时，我才能按照"有"的范畴来思考我自己。鉴定什么（identifier）乃指确认此物或此人是否有如此这般一个特征；反过来说，这一个特征是涉及某一可能做的鉴定行为的。

只有在我们能够思索一个超越有"雷同"和"相异"之分的世界之彼界（un au-delà）时，这一切反省才能显得有些意义，并且使我们感到有兴趣。一个触及本体层面之彼界。这就是一切困难之来源。

有一点我们立刻可以看到的乃是"我是什么"这一问题无法在"有"的平面上找到同质的对应物。对这一个问题，由于本性所限，我无法自己作答（请参阅我3月份日记）。

第二编 "有"之现象学的草案 [①]

---

① 本文宣读于 1933 年 11 月里昂哲学协会。

首先我愿意指出我要向诸位所作的讲演，对我本人来说，具有相仿于核科学的重要性。它蕴藏整幅哲学的蓝图。我只能尽可能地对其中一部分加以陈述。如果这是可行的哲学的话，可能要让其他的专家用种种我目前无法详述的方式来发挥其他各部分。也很可能我向各位展示的若干思想小径最后是些死胡同。

　　我相信我应立即向各位指出的，是我会如何询问自己有关"有"的问题。这个一般性的反省乃是以某种方式接枝到某些比较特殊的研究上去的东西。后者更为具体，而我觉得从一开始就提到它们，对了解上述反省必大有裨益。我先向各位道歉在演讲中我要引用我自己的许多见解，然而这是与各位分享引起我作这些研究之兴趣的最简便的方法；不然的话，它们一定会显得太抽象。预先给各位分发的书面纲要已能作一些一般性的提示。

　　在《形上日记》一书中，我已经提出一个初看之下似乎属于心理学范围的问题。我问自己，如何才能鉴定一个人首次感受到的情绪呢？经验告诉我们，要作这一类的鉴定常是极困难的事。（爱情能以不太和谐的方式表现出来，以至于使感受到它的人无法猜测它的真实特性。）我注意到下面一点：这个情绪愈能同化成某一种对我所"有"的东西的话（譬如我有感冒，我有麻疹之类），上述的鉴定工作就愈易于着手。在这种情形之下，这个情绪就会让我加以限制、加以定义，而终能将之归入理性化的事物之类中去。这样我就能对它构成一个观念，而把它与我原先对这一类情绪所有之观念比较（当然此刻我所讲的太概括了一些，但无伤大雅）。反过来说，如果这个情绪愈不让人予以限制，愈显得模糊，则我愈无法确切地把它指认出来。然而就在我所"有"的情绪之背面，是否存在着一种感情的经纬密网，此网与我之所"是"有很大的同质关系，以致我不再能把它置放在我面前加以观察、加以思考？我终于隐约地看到了，虽非黑白分明的两类事物，但至少是强弱在逐渐变化中的两种情绪：一种是为我所有之情绪，另一种是为我所是之情绪。由此我在 1923 年 3 月 16 日在日记上写下这一段话：

归根结底，一切问题最后都可以回到"我们所有"与"我们所是"之区分上来看。只是我们极难用概念的方式来对它陈述，然而这应当是可以做到的事。我们所"有"之物对我们自身来说不可避免地具有外在性。然而这个外在性也不是绝对的。原则上，我们所"有"的，是一些东西（或是一些可以被同化为物的东西，只要的确有这样同化的可能）。严格地说，除非此物在一定程度上独立于我而存在，我才能说"拥有"它。换言之，此乃外加于我之物。更有进之，被我所占有而加上的其他属性、特质等，也都是属于我所拥有之物的。我所拥有者，只是那些以某种方式并在某种限度之内我能自由处置之物，换言之，其根据就在于我能被视为一种力量，一种具有能力的存有。能够传递给别人的东西只是我们所有者。

在这里，我要去探讨一个相当模糊的问题，此即在自然界里实际上究竟有没有不能传递的东西，并且在什么情形下，它能被我们作如是想。在这里我们找到了一条进路，然而这并非是唯一的进路。譬如说我不可能集中我的注意力在所谓"我体"之焦点上——"我体"之说法恰与生理学家所谓的"身体—客体"（corps-objet）相反——而不会获得对这个几乎是无法通透的"有"之新的领悟。然而严格地说，我能不能认为"我体"是某种为我所有之物？先要问的问题是，我体本身是否为某种东西？如果我把它处理成一样东西？那么如此处理我体之我又是什么呢？我在《形上日记》上写说：

> 最终我们达到以下思维模式：我体是（一个客体），我不是什么。唯心论者会有另外一种说法：我是肯定我体具有客观实体之行为。我补上一句话：这不是一种欺诈手法么？我相信是的。在这种唯心论和绝对的唯物论之间，所有之分界线好像消失了似的。

但我们尚能继续深入探测——并且指出当这种思考和象征的方式应用到对死亡和自杀所持的态度上来时，会产生什么特殊后果。

自杀，岂不就是把自己的身体（或自己的生命）处理成个人所"有"之某物，或一样东西而已？不是隐约地承认吾人只属于自己而已？然而此处立刻出现一个深不可测的黑暗，即这个自我究竟是什么东西呢？在我与我自己之间究竟存在着一种如何奇妙的关系呢？我们不是觉得很清楚：在那位因不承认自己有此权利或自己属于自己而不愿自杀者身上，此中所有之关系完全不同么？在这表面上看来似乎可以忽略的其不同之公式之下，我们不是领会到有一个难以填满之深渊？而我们能做的只是一步一步向前探索而已？我只想提供两条线索，虽然还有许多呢。在我们运思的过程中，其中某些线索还会呈现出来。这样一来，我们就不能不作一个分析。

我也愿意预先声明一下：这个分析并不是一种"化约"（une *réduction*）。这个分析会向我们揭示一个事实：我们实在面临的是很不透明的与料，对此与料大概我们也无法完全加以控制。这样我们就承认了某种"不可化约"（un *irréductible*）物的存在。上述态度把哲学的思考向前推进了非同小可的一步，它甚至能以某种方式把促成此态度实现的意识加以改变。

事实上，我们无法设想此种不可化约物，如果不设想一个超越的层面，彼界（un au-delà）。前者并不被吸收融化到后者中去。我相信"不可化约者"与"彼界"之双重存在正好能帮助我们界定人之形上条件。

首先我应当指出：哲学家们对"有"的观念似乎常常抱着一种不明白说出的猜疑。（我说"观念"，但我们尚可询问此词是否适当，我自己觉得不适当。）有人会说哲学一般不喜欢"有"这个字眼，因为它是一个不纯粹的观念，并且本质上无法确切规定其含义。

"有"具有的基本的暧昧性的确应该从一开始就提示出来，但是我不相信我们就因此可以逃避我今天一直想深入探究的问题。当我阅读史坦恩（Gunther Stern）论《有》（*Ueber das Haben*）一书（于 1928 年在波恩出版）时，我恰好也在思考同样的问题。下面我愿意引用该书若干片段：

> 我们有一个身体。我们有……从日常用语来看，我们非常明了要讲的是什么。然而没有人会去专心注意那个在生活中的习用词"有"究竟有什么含义，究竟有没有一个复杂的关系网被牵连在内。他们也不会询问是何物特别地构成有之为有。

史坦恩先生很正确地注意到：当我说我有一个身体，我绝不只为了说："我意识到我的身体；"也不是为了说："有一种可以称为我的身体之东西存在着。"这里似乎应该有一个中间词（middle term），一个第三个王国。接下去史坦恩进入一种完全受胡塞尔用词影响的分析中去了。我对这种方式的分析和研究结果感到很不习惯。作者本人也同我说过，他对自己的反省成果早已感到不满意。我想更直接的澄清问题或许能更快地进入核心，避免借助于那些屡次极不容易转译的法国现象学惯用的术语。或许有人要反过来问我，既然如此，为什么我自己还要用现象学一词呢？

我的回答是这样的：在类似的研究之中，我们应当强调有许多不属于心理学层次的东西。这个研究之目的就是针对思想内容，让它们出现，使它们浮到反省之光的层面来。

我愿从一些非常清楚的例子出发，在这些例子中"有"的意义显得非常强烈和确切。在别的一些案例之中，这个意义，也可说这种感觉，就显得不甚清楚，甚至暗淡得几乎不能辨认出来。这些极限例子几乎被大家忽略掉，也应当被忽略掉，譬如"有"头痛，"有"需要，等等。（在法文中"有"之冠词被省略很有启发性。）然而在第一类例子中，这是说有意义的例子中，我们似乎可以将之分成两种，只要我们以后不要忘掉去询问它们之中的关系就行了。我们很明显地可以看到"占有性的有"(l'avoir-possession) 能有多种不同的模式，并且能按次序排列成等级制度。然而在我说"我有一辆自行车"和我肯定地宣称"对这个问题我有一些看法"，或甚至（此处所举的例子有些不同方向）说"我有时间做这么一件事"之间同样地显示出一种占有性的符号。暂时我们把"含义性的有"(l'avoir-implication) 搁置一边。

在一切"占有性的有"之中似乎都有某种内容。这个词还是太明确一点。我要说的是某物（quid）被带回到"有某物者"（qui）那里去，后者是内在固有性（inhérence）或感悟（appréhension）之中心。我故意在这里不用主体一词，为避免此词附带逻辑上的或知识论上的含义。因为我们在这里要设法开启的一条新路却是在一个既非逻辑又非知识论的场地上的。正因为如此，这项工作不是轻易可以做到的。

我们观察到这个"有某物者"（qui）对某物（quid）来说立刻显出具有某种程度的超越性。所谓超越性，我是指在这两者之间有所处层面不同之事实而已，我还没有交代这种不同的特性。"有

者"与"被有者"之间的不同在下面几种说法中同样清楚明白:
"我有一辆自行车",或"保罗有一辆自行车",或者我说"雅谷
对于这个问题有非常原创性的见解"。

这一切都很简单。但是问题马上会变得复杂起来,只要我
们反省到一切对"有"所作的断语似乎都以某种方式建立在一种
典型的立场之上的,而在这种立场之中"有者"已非别人,而是
"我自己"。我觉得"有"只在"我有"之内时才把它内含的力量
和价值都彰显出来。如果我们说有一种"你有"或"他有"之可
能,那只是转移(transfert)的结果,而在转移之中,不可避免地
已丧失了一些因素。

我们如果参照把"有"与"能力"显明地连在一起的关系,
就会对上面所作的一些反省恍然有所了悟,因为在"能力"的概
念中包括了实质的和词义上的占有含义。所谓能力就是我在运用
它或抵抗时所感受到的某种东西;总之,两种情形其实同出一
辙。这里可能有人会向我提出异议说:"有"常倾向于把自己化
约到包含什么(contenir)的事实中去。但即使我们接受这个看
法,我们觉得必须指出——这是关系重大的一点——被包含的东
西本身不肯让别人以纯空间性的术语来界定自己。我常觉得它暗
示着一种潜力(une potentialité)的观念。包含什么,乃是说把
它放到里面,封闭在里面。而封闭即阻止,即抵抗,即不让内容
外溢、外传……如此,我相信在周密的考察之下,这个异议,如
果有这样一个的话,要转回来反对那位提出异议的人。从此我们
终于看到在"有"的内心透显出一种"被压抑着的"活力,压抑
在这里无疑表现出它最大的重要性。也在这里,我以前提到过的
"有者"(qui)超越性的特色终于彰明。我们看到一项很有意义的

253

现象，即包含在"有"内的关系在文法上显出来的却是不及物的（intransitive）。"有"这一个动词只在非常特殊的情形之下才以被动式出现。这个现象叫我体认到在"有者"与"被有者"中有一个不能倒转的流动程序（processus）。我还要加一句话说：我们在讨论的并非是指这个反省"有"的主体获得的进展。不，上述的流动程序是由"有者"本人所实现的；这个程序发生在"有者"之内。我们应该在这里停顿一下，因为我们已经抵达讨论的中心点了。

我们只有在某一个次序中运思——在这个次序中不论用什么方式，或在什么程度上转位（transposition），"内"与"外"之对立始终保持着其意义者——我们才能用"有"的语气来表达看法、想法。

这个结论完全可以适用到"含义性的有"（l'avoir-implication）上面去；对于这种"有"，我现在应该讲几句话了。实际上非常明显地我们见到：当我说"这样一个身体有如此这般一个固有性（propriété）"时，我觉得后者并不在外面，而是植根于它所描绘的身体内部。另一方面我注意到我们在这里思索"含义"而没有想到"能力"两个字，虽然后者的意义并不明朗。我不相信我们可以在解释"固有性"或"特征"时，不把它们视为确定某种功效（efficacité）或某种基本能量（une certaine énergie essentielle）的东西。

但是我们尚未抵达我们研究的终点呢。以上所作的反省有效地给我们澄清有一种内在性的辩证存在。"有"自然能指，甚至原则上指："为自己保有"，保存起来，藏匿诸意。最有趣和最典型的例子应该算是："有一个秘密。"但是我们立刻会重新发现我从前在讨论内容时提到过的东西。秘密之为秘密，只因为我保存了它，可是也同时因为我能把它交付出来。这个能够把它交付出来叫别人发现它的特性实属秘密之本质。这个例子并非独一无二的例子，因为当我们面对最狭义的"所有"的东西时，情况都是一样的。

"有"之特征就是能向别人展示出来。在有一些可向访客展示的某君所作之画和对如此这般的问题有个见之间存在着一种密切的相似性。

此外，这种展示性能够在别人或在自己面前同样发生。使人惊奇的乃是分析以上的分别（即别人与自己）实在没有什么重要。就在我向我自己展示我的观念之时，我对我自己而言已变成别人了。我成为另外一个人。而我假定这里有表达（l'expression）之可能性的形上基础。但除非在某种程度上我能够在我自己面前变成别人，否则我无法表达什么。

此处我们见到从第一公式怎样过渡到第二公式：只有当我们进入一个具有以别人作为别人之参考指标的次序之中，我们才能够以"有"来表达我们自己。在这个公式与我刚才论及"我有"所说的话之间没有任何矛盾的地方。因为我无法说出"我有"这句话，除非我把它放入一个与"另一个"真正被我体会到是另一个的"紧张"关系之中。

只要我把我自己想成具有属于的某些特征或某些名分，我就会从一个别人的角度来观察我自己；对这个"别人"，我之能取对峙态度乃因为我先隐约地把我自己与他等同过了。譬如我说："对这个问题我有一些看法。"我是在暗示说：我的看法与众不同。我之所以能够排除，能够否决别人都有的看法，乃因为我曾经把那些看法在片刻的假设中同化成为我的看法了。

因此"有"的方位并不在纯粹的内心里，这会失去它的意义；相反的，它是处在内在性和外在性不再有真正分别的地方，就像音域中高音与低音不再能分辨的地方一样。我相信应当在这里强调的乃是在两者间具有的紧张。

这里我们应当回到所谓的占有式地有这个主题上来。让我们举一个最简单的例子：占有一样事物，不管它是什么；譬如一幢房子或一幅油画。在某一个层次上看，我们会说，这样东西外在于占有它者；从空间角度看，它们是不同的东西，而它们的命运也各个不同。然而这些看法都很肤浅。当我们愈强调"有"及"占有"，我们就愈不能合法地说这是些外在的东西而已。我们可以完全确定地说，在"有者"及"被有者"之间有着密切的联系，而这联系绝不只是外部联合在一起而已。另一方面，由于这被有之物是一样东西，因此也受到物的交替更迭之动荡（vicissitude）的约束。它会被遗失、被弄坏。这样它就变成，或可以变成一种害怕、焦虑之漩涡的中心。这些现象恰好是属于"有"之次序内常有之紧张的本色。有人可能会向我说：我能对我占有的事物，这一件或那一件，抱相当潇洒超脱的态度。我可要回答说：那么这样的占有只能说徒具其名，或许甚至以占有残余物之方式有之。

反之，非常重要并且值得注意的是下列事实：在欲和贪（la convoitise）内，最深刻意义之"有"已存在着。

欲（désirer），常指以某种方式没有地有着（en n'ayant pas）。从此观点，我们可以了解在欲求内有一种烧炙性的疼痛。这类尖锐的痛苦实际上表现出内在于一种无法保持下去之处境所生的矛盾和摩擦。并且在我体会到我要失去我所有的，失去我自以为有的而实际上我已经没有了时产生的焦虑和上述的贪欲之间实在有绝对的对称（la symétrie）关系。如果实情真是如此，我们似乎发现了以前未曾注意的一点，即"有"以某种方式依赖着时间。此处我们再一次领会我们碰到了一种奇异的两极性（polarité）。

无疑，在"有"之内有双重的持久性（une double permanence）；"有者"之持久性及"被有者"之持久性。但是这种持久性本质上是受到威胁的。它愿意如此，或至少它或许愿意如此，它挣脱我们的控制。威胁不是别的，乃是别人（或别物）保持他的别性，这别人可以是这个世界本身；面对着它，我难以忍受地感到我是"我"。我紧紧地抱住可能有人要从我这里强扯去的东西。我失望地要把它同我化成一体，要与它组成一个不能分隔，唯一的复合体（un complexe unique）。无望地、徒然地……

这些反省把我们领回到身体或身体性上来了。我愿意与之等同，然而它不停地挣脱我之第一客体、典型客体（L'objet premier, l'objet-type），即我的身体。我们可以很相信我们现在已进入"有"之最隐秘最深刻的堂奥里去了。身体是有之典型（l'avoir-type）。然而……在作更深入的反省之前，让我们再回来审视一次"含义性的有"（l'avoir-implication）。这里我发现刚才我解释的一切特征似乎都消失无踪了。让我们从由抽象到具体的阶梯的一端出发：某一个几何图像有某一个特性（propriété）。我承认除非追随诡辩论（sophismes）的路子，不然的话，我绝对无法在这里发现与存在于"内""外"之间相似的紧张，或在"雷同"及"相异"间之两极性的现象。我们终于可以询问一下：当我们把"有"的位置移到本质中去的时候——就像我刚才提及的几何图像似乎与生命体具有某些特征的情形一样有这个那个特性——那么我们在实现一种最终分析时无法建立起来的潜意识式的心理转移。这里面还有一点我暂时不想发挥，因为它能引发的兴趣不大。然而我相信把我体看成"有之典型"的立场却标明了形上反省的一个主要时刻。

如此这般之"有"深深地影响"有者"。除非在抽象和观念的方式之中，否则这种"有"绝不能化约成"有者"可以任意处置的东西。这种说法似乎叫我们的思想不习惯，然而当我们把它放到我体，或使我体延长之工具，或使我体之能力增多的问题上看时，情形就会明朗起来。可能在这里有类似于黑格尔在《精神现象学》(la *Phénoménologie de l'Esprit*) 中所界定之"主奴"辩证关系。这个辩证植其原则于紧张关系之中。没有这种紧张，就不会有"真正之有"(avoir réel) 的存在。

我们终于抵达到每日生活世界之核心了，在这个世界之中我们有各种危险、焦虑和技术问题的经验。我们是在经验中心，但也是在无法理解的事物 (l'inintelligible) 中心。因为我们应当承认这种紧张，这种致命的相互关系 (réciprocité) 在每时每刻中会把我们的生命陷于一种难以理解且无法忍受的关系中去。在作更深入的探讨之前，让我们先停下来再察看一下我们的处境。

在一般情形之中，或如果你同意，习惯上，我发现我自己常常面对很多事物，其中有一些与我缔结特殊而奇异的关系，这些事物并"不仅仅外在"于我，却似乎在它们与我之间有从里面发生的交相通达现象。它们深深地从地底下（可以如此说）碰到了我。而我对它们的依恋程度有多少，它们就在我身上施展多大的控制力。它对我的权力来自我对它们所表现的依恋，并且随着依恋之增强而增强。在这一些事物中有一样东西鹤立鸡群，享有无上的权威，这就是我体。我体对我所有的专制虽非完全地，但至少在某种程度视我对它所有的依恋（attachement）来决定。但在这处境中最显得吊诡的事乃是：推究到底，在这依恋关系中实际上是我自己被我消耗殆尽，我把我自己吸收到这个我依恋万分之肉体中去。似乎我的身体真真实实地把我吞噬掉。这种情形同样表现在一切以某种方式悬挂在我体之上的我所占有的东西。结果（下面的看法对我们是新颖的），在极限情形中，"有"之为有这个事实似乎会让它自己在原先被它占有之物中废除掉。现在这个原先被占有的东西却把从前自信可以自由处理它的占有者吮吸掉了。

我认为我体及一切我以为被我占有之工具本质上都要把这个占有它们的我彻底消灭。反省之下，我发现这种辩证只在失节（défection）的情况之下才可能实现。这句话给我们打开了新的思考范畴的大门。

然而还有那么多的困难呢！还会有那么多的异议呢！最可能发生的异议是下面一个："只要你把工具看成纯工具，它就对你没有什么控制力，而是你本人要操纵它。你们之间不会有什么相互性。"这话讲得很对，然而在有一样东西和处置它或用它之间有一条思想难以测定的边缘（un emarge）或空隔（un intervalle）。就在这个边缘和空隔的地方垫伏着我们关心的危机焦点。斯宾格勒在他出版不久之杰出的《决定时刻》（*Années Décisives*）一书中所写的种种，和世界实际情况都多少给我在摸索地寻找之分辨关键（la distinction）提供了线索。在谈到企业公司之投资或股份的问题时，他把纯粹所有与属于企业负责人负责指导的工作划分开来。在别处，他也对以抽象的质量（masse）面目呈现之金钱与实际财物（如土地）之间的对立加以强调。这些区别对我此刻愿意澄清的相当困难的观念从侧面予以照明。不久之前我说过："我们占有的事物将我们吞噬。"我们非常奇怪地看到，当我们面对一些本身非常迟钝的客体而变得更迟钝的时候，上述说法更显得千真万确。但当我们更生气蓬勃、更主动地与一些即使是物质的东西相连接——这些物质因我们对之所做的创造活动而不断地揭示其丰富内涵，上述的说法就变得好像是胡说八道一样。（创造活动之对象可以是：施肥耕种者的花园，勤劳开采者的农场，音乐家之钢琴或小提琴，科学家之实验室。）在这些个案中，我们可以说："有"不再趋向于自灭，而把自己升华变化进入存有中去了。

任何地方只要一有纯粹的创造活动发生，有之实在就立即被超越，或就在这个创造活动内部获得挥发。占有者与被占有者之二元性（la dualité）融入到充满生机的实在体中去了。这些见解还要求我们以非常具体的方式来加以说明，不能借用属于物品范畴的一些例子。我特别想到的是一些伪占有品（pseudo-possessions），譬如我的"观念""我的意见"之类。"有"这个词在这里立刻同时取有积极和威胁性的价值。我愈把我自己的观念，甚至我的信念看成属于我的东西——也因此而自傲不已，可能并非清楚地意识到，就像某人有个马厩或植物温室就以为自己了不起一样——这些观念和意见就愈会用它们的迟钝感（或同样地也可以说，用我面对它们时有的迟钝感）对我施加压力；这就是一切方式之狂热主义根源所在。在这种情形及其他情形中发生的乃是，主体"不论在面对任何事物时"所有的无法解释的疏离感

(injustifiable aliénation)。我很抱歉用这个词。按我看来，受意识形态牵制的人（l'idéologue）和思想家、艺术家之分别就在这里。前者是人类中最可怕的一种人，因为他不知不觉地使自己成为他生命中已死掉的一部分东西的奴隶。这种自甘为奴的态度发之于外，就不可避免地形成暴虐无道，来压迫主体。此中关系还值得我们作更严密的探讨。相反的，思想家不断地保持高度警惕，不让自己受到疏离感的作弄，不让自己的思想僵化。思想家勉力活在永恒不断的创造活动的状态之中，不停地对自己的思想在每一时刻中加以质询。

我相信以上所说对我以后要谈的东西能起澄清作用。那个停留在"有"（或"欲"）之境界的人，他或围着他自己、或围着别人建立"以自我为中心"的生活。不论围着谁，结果都是一样，因为其中都有我刚才提及的那种紧张的两极关系。我所谈的都应该作更深入的反省和发挥，然而我现在做不到。有几个概念，譬如"自我""我自己"之意义，必须要把握住。我们应当领会到，恰好与大部分唯心论者，尤其是以意识为主的哲学家的看法相反，"自我"能把人的灵性表皮变稠（épaississement），并且使人硬化，或许，谁知道（？）它也可以成为身体的一种显然地已精神化的表达方式，这是属于第二力量的表现方式（expression à la seconde puissance）。这时的身体已不再是客体，而是属于我的"我体"，就因为我体是我所有的某物。欲求同时既以自我为中心也以他者为中心（auto-centrique et hétéro-centrique）。我们可以说，它看起来，显得好似以他者为中心的样子，而实际上它却是以自我为中心的，而这种外表看来如此之现象，其实情也真是如此。我们知道得很清楚，这个有自我与他者之分的层面是可以被超越过去的：这是在爱（l'amour）和爱德（la charité）的行为之中。爱环绕着一个中心位置旋转，这位置既不是自己的，也不是他者的：这就是我称之为"你"的位置。我认为如果可能的话，更好找到一个更具哲学气息的称谓来解释一切，但同时我又相信抽象的言语很容易把我们出卖，叫我们跌回别人的层次之中，也就是"他"的层次之中。

爱，由于不同于欲求，且与欲求对立，却把自我隶属于一更高的实体——这个实体是在我心灵的深处，比我自己更为我自己——由于爱使衔接雷同与相异之紧张解除，按我看来，这是我们能够找到的最主要的本体学数据。我想，我顺便说一下，除非本体论能彻底领会到爱的绝对首要性，否则它绝摆脱不了学究思维的陈规。

我相信在这条思路的线索中我们能约略了解一些所谓"无法特征化"（l'incaractérisable）具有什么意义。我已经说过，当我们把事物想象成一个拥有谓词或特征的主体的时候，我们已经毫无疑问地做了一个转移（un transfert）行为。我看得相当清楚：在事物及其特征间所有的区别并不具有任何形上价值；如果你同意的话，我会说这种区别纯粹地是在现象层面上的东西。请注意，我们只在允许运用"也"（aussi）一词之次序内才能肯定有没有特征的问题。我们常从许多特征中选取一个。同时我们又不能说一件事物是一大堆特征的集合体。这些特征并不并列地置放在一起。只有当我们把这些特征的异点加以抽象，把它们看成单位、看成同质的实物时，我们才能把它们并列起来。然而这是个幻想，在一个严密的考察下就站不住脚了。我固然可以把一颗苹果、一个皮球、一把钥匙、一团麻线球看成具有同一特性的物体，能把它们加起来得一总数；但我绝对无法同样处理一朵花的香味和颜色，一碟菜之浓稠度、口味和消化性。当我们把特征化的行为看成一种纯粹计算并排置放在一起的特性行为时，我们就停留在一种完全表面而错谬的操作上；我们不再有任何希望深入我们愿意为之作特征化行为之实体的内蕴。从哲学的角度看，我们应当了解，特征化的行为暗示我在他者面前所取的立场；我会说这是一种彻底不在场（absence）的立场，把两者截然区分开来。这个我自己建立起来的不在场，隐然地也把自我"凝滞"起来，我把自己围住，并且不知不觉地把我自己看待成囚禁在高耸围墙之内的一样东西。在暗暗与这样东西的参照下，我才企图对其他的事物作特征化的行为。

毋庸置疑，愿意作特征化行为的人常含有一种既真诚又虚幻的信念，以为可以把自己用本质的方式加以抽象。莱布尼茨对普遍性特征化的构想，向我们指出，到什么程度一个人可以实现这种企图。然而我却毫不动摇地相信，如果你这样做的话，一定是忘掉了从形上学角度看，这里有一个站不住脚的立场，采取这立场的人以为可以把自己放在事物面前的位置上，为掌握住后者的实质。固然，作这样一个参考系统并不是不可能的事，并且我们已使它包含的万象愈来愈复杂，但是这个系统一定会遗失掉最主要的东西。

如果我们强调实在界或许是无法加以特征化的。我们的确在宣布一项暧昧的公式，并且表面上看来是自相矛盾的公式。我们应该小心不要按照时下流行的不可知论者之原则来解释一切。这是说，当我面对实在界时如果我采用一个尽所可能地要把它特征化的态度的话，我立刻不再以实在界的原相了解它了，它就逃脱了我对它能有的把握。在我面前留下的只是一个幻影。虽然是一个幻影，它之连贯性却能迷惑我，并且叫我感到深深满足及骄傲，然而究其实，它应当叫我对这种做法的价值深感怀疑。

要把一样东西特征化，就是要以某种方式将之占有，即企图占有无法被我占有的东西。这就是在制作一个抽象的小型人像的同时，亦即英国物理学家所谓的范本（un modèle），却把原来的实在忽略掉了。这个实体只以最肤浅的方式让别人对它做这一类的把人导入谬误的玩意儿。只有当我们把自己与这个实体的关系切断，也就是出卖我们自己之后，这个实体才会让我们对它做出上述的狂妄行为。

因此我想当我们愈把自己提高到实在界的层面，我们也就愈能接近它，它就更不会再像置放在我们面前，使我们对之能够作各种侦察的客体；同时，我们愈来愈有效地改变我们自己。如果这里有一个如我相信会有的上升式的辩证——这个辩证不必与柏拉图所描写的有太大出入——它必有一种双重性，一面指向实在界，另一面指向了解此实在界之存有。这里我无法对这个辩证之本质作更深入的剖析。我只想指出这样一种哲学能够对讨论神的属性打开一条全新的进路的事实。我承认，对我来说，神的属性与新康德派所称的界限概念（*Grenzbegriff*）实在是同一物。如果存有（l'Etre）因其为存有本身而更无法被人特征化（那是说，更无法被人占有，因为它在各种方式更具超越性的话），那么，属性（les attributs）之谓所表达的只是以一种完全不贴切（inadéquat）之言语来说明：绝对存有对一切限定（déterminations）都采取不合作态度，而限定抵达之对象只是一个小于存有的东西（un Moins-être）。这是一种客体，我们把自己置放在它的面前，以某种方式按它之大小把自己缩小，也按我们的大小把它缩小。神对我只能是在朝拜袖时所体验到的绝对临在（Présence absolue）。我对袖所作的一切概念只是抽象的表达而已，都是这种临在之理性化的成果。这是当我要操纵这些观念时我应当牢牢记住的一点；不然的话，这些观念将会在我的亵渎的手中变质。

我们终于到了一个对我来说最重要不过之区别，我不久将要发表之《本体奥秘》（le *Mystère Ontologique*）一文就是以这区别作全文的枢纽观念。这区别所分清的就是问题与奥秘（le problème et le mystère）的不同。其中含义已在我以上所谈的一切话语中被我所假定了。

我下面要向诸位选读一段我去年在马赛哲学协会中宣读的论文。这个论文在几天内就要与我的剧本《破碎的世界》（le *Monde cassé*）一起出版，作为这出剧本的附录。

当我把我的反省指向普通大家都认为的本体问题：譬如有"没有存有？存有是什么？"等时，我慢慢地注意到如果我一定要反省这些问题的话，我几乎要跌入一个在我脚下张开的新的深渊里去：询问存有的这个我，我能保证我存在吗？我有什么资格来作这些探讨？如果我并不存在，那么我如何能希望达到一个结论呢？就算我存在的话，我又靠什么来保证这个事实呢？虽然有一个思想立刻出现在我的脑海之中好像给我提供答案，但我不相信"我思"能够给我们什么帮助。在别处我曾写过：我思看守着有效性事物之门坎，这就是它所有的功能了。我思之主体是知识论之主体。笛卡尔主义包含一个或许本身非常有破坏性的行为，它把理性与生命拆开。结果不是对其中之一个，就是对另一个采取非常任性的褒奖或贬抑态度。此中有一个致命的节奏，我们都很熟悉，我们也有责任予以解释。固然我们也无法否认在活生生的、会思考和反省的主体身上作区分并非完全不合法，但是真正的存有问题必须要在超出这些区分而在此存有保存其一致性并且充满活力的境界中才能提出来。

这样我们就不能不问在要解决问题的观念之中包含一些什么条件。在有问题的地方，我就把全部资料放在我面前而后着手分析；然而同时我好像已经得到许可不必去管这个在工作之我本身是怎么回事，此"我"在这里是已被预设的主体。然而当我们把问题的焦点放到存有上时，我们刚才已谈过，整个情形就完全不同了。在这种情形之下，询问存有之人的本体地位就变成最重要的问题了。会不会有人想象我这样探讨下去，我会一直倒退，始终不能达到最后界限吧？但是就在于我能够设想有这样一个倒退的事实时，我已经超出它了。我清楚知道这一切的反省过程都是在"我是"这个断语，而不是在"我说什么"之内部进行的——对这断语来说，我不是主体而只是场地（le siège）而已。了解了这一点，我们就长驱直入地进到超越问题化的事物里去，这就是说进入奥秘之中。所谓奥秘乃是一种特殊的问题，它侵犯（empiéte）到了它自己的与料并侵占了它，而使问题得以超越，不再只是问题了。

此处我无法再深入发挥上述论点，虽然本来应当作的。我愿意举一个例子来确定我要表达的思想。这个例子便是恶（mal）的奥秘。

　　反省恶的时候，我会先自然而然地把它看成一种混乱，然后再设法把因由和隐藏的目的揭示出来。怎么这架机器操作得如此不灵活？是否毛病不在机器上，而是我视觉之缺陷引起的，譬如精神上的老花或散光？如果是这种情形，那么混乱之实况发生在我身上，但对发现它并观察它的思想来说，它仍然是一样客观的东西。只是纯粹被察觉到的恶已经不是亲身忍受的恶（le mal souffert）。事实上除非恶深深地触及我，那是说我完全卷入其中，像卷入一起诉讼中一样，否则我并不曾把握恶之真谛。"卷入其中"（implication）才是最基本的关键。我不能把这个事实不予置理或加以抽象，除非用一个虚构的，虽然在某些个案中尚可说是合法的手法。这一点我绝不能哄骗我自己。

这个恶的奥秘在传统哲学中常被递降成一个问题。正因为如此，传统哲学在讨论这一类的实况，如恶、爱、死亡时，常给我们印象在做游戏，在变智力的戏法。这种印象愈形深刻，如果它愈近唯心论，那是说思维主体更深地陶醉在实际上完全不真确的释放（une émancipation）之中。

虽然时间不多，但是我还应该回到演讲的第一部分，并且设法指出这一大部分数据的意义如何可以在稍后所作的分析中得以澄清。我清楚地看到："有"之次序与"可问题化"之次序实在是同一个——当然，同时它也与科技尚可作用之次序混在一起。

而"后设问题"之层次实际上也是"后设技术"之层次。一切科学技术都假设对使它们能操作之条件作了全面的抽象，然而当它们碰到整体的存有时，就显得束手无策了。这些见解还能在多方面加以发挥。在"有"之根源处有某种把自我专门化或逐一登记（une certaine spécialisation ou spécification de soi）的行为，这种行为与我刚才提及的部分的自我疏离密切相连。从这里出发，为结束我这个负载已太重的演讲，我们还可以考察一个我认为十分重要的区分。我要讲的即自主和自由之区别。

自主（l'autonomie）最主要的特点即推翻掉一个先假定过后又排斥的非他律（une non-hétéronomie）。"我要自己处理我的事务"：这就是自主性的基本公式，就在这里我们看到了在雷同与相异之间的紧张关系，其实这是"有"之世界的本然节奏。除此之外，我相信我们还应该体认出自主能够作用之范围不出于人能管理的区域，不论以哪一种方式而言。实际上自主暗示着某个活动领域。我们愈能严密地在时空中给这个领域划定范围的话，我们就愈能鉴定自主的特性。不论属于哪一种兴趣的事物都能使我们感到容易处理，因为它们已进入了有规范的地区之内。更有进者，我可以在相当大的程度上把我的生命看成可以被他者或被我自己处理的东西（这里所说之"我自己"乃指"非他者"）。我可以处理一切即使间接地能同化到财富，或"所有"中去的事物。然而相反地，在"有"的范畴不能再适用的地方，我就绝不能再有意义地讲"经营管理"（gestion），当然更不谈"自主"了。我们可以用有艺术或文学天赋的例子来加以说明。当具有这类天赋之宠儿可以把自己的才华作一统计，把这些才华看成自己占有的东西时，他所有的天赋的确似乎可以以某种程度被看成能受管

理的东西。然而对一个才华横溢的真正天才而言，上述的管理
说法完全不能适用，因为它含有太大的矛盾。某一人"是"天
才，他"有"才华（"有天才"之说法实在毫无意义）。我相信事
实上自律之观念，不论你怎么了解它，都常与把主体化约或特殊
化联系在一起。当我愈将我整个投入活动之中，我就愈无法合理
地说我是自律的。从此角度来看，哲学家比科学家较少自律，而
科学家比技术人员更少自律性。另一方面可以说最自律的人实在
是最投身的人。只是哲学家和伟大的艺术家所有的"非自律"并
非是他律，就像爱并不是他律中心主义（un hétéro-centrisme）一
样。它植根在存有内，那是说在自我领域之这一端或那一端（en
deça du soi ou par-de-là le soi），这是一个超越可能之"有"的领
域，我只能借着"凝神深视"（la contemplation）和"虔敬膜拜"
（l'adoration）的方式才能进入。这是说，以我所见，这种"非自
律"就是自由。

我们不想在这里给自由的理论作撮要的解释，甚至我们还
可以问一问给自由作理论性的解释之观念是否已包含了矛盾。我
在这里特别要指出：不论在圣德的境界，或艺术性创造的层次之
中，这里我们都看到自由在闪烁，并且非常明显地我们领会到自
由并非自律。因为在圣人和艺术家的生命中，自我及自我中心主
义完全在爱中融入。我相信在这种情形中我们可以指明：康德主
义最不足的地方就是没有看到这点，没有了解：自我必须且能够
被超越，同时不因如此而自律让位于他律。

我应当做结论了——这并不容易。我只想回到原先的公式
上去。在前面我提到说我们在讨论终了时将会体认到有一个不能
被化约的东西存在，并且还有一个超越此不能被化约之东西的境

地（un au-delà de cet irréducible），我加上一句话说：我觉得这种二元性（dualité）实是人之形上条件内最主要的东西。这个不能被化约的东西究竟是什么呢？我不相信我们能给它下一个定义，但在某种限度内，我们可以确定它的所在。这就是受造物（la créature）本有的缺乏（la déficience），至少是有过失的受造物所感受到的缺乏不足。这种缺乏感本质上是迟钝性状（une inertie），可是这是一种能演变成有消极作为的迟钝性。我们无法把它根除掉；相反，我们首先应当承认这个事实。它使某一些自主较低级的学门（un certain nombre de disciplines autonomes et subordonnées）成为可能，虽然它们中每一个对存有之一致性都会带来一些威胁，但是每一个都会有它的价值，都有它的存在理由。然而这些活动，这些自主的功能必须与中心活动（les activités centrales）相配合，因为只在这些中心活动之中，人才能把自己放回到奥秘的临在之中，此奥秘是人的基础，离开了它，人就变成虚无；而这三种中心活动便是：宗教、艺术和形上学。

下　卷

信仰与现实

第一编　谈当代的反宗教性 ①

————————

① 此讲座于 1930 年 12 月 4 日在天主教大学生联会中宣讲。

我打算尽可能解释清楚，认为宗教问题已经过时的心态。在此详说细节是少不了的。

　　认为宗教问题已经过时，并不一定否认某种宗教与料的续存，因为这种与料是在人的感受（sentiment）层面。而这种感受与料，就定义而言，是不会过时的。会过时的，或是某种习俗，或是某种观念、某种已逐渐化为观念的信仰。这并不在于荒谬而不着边际地去争辩，宗教作为一种事实、整套制度、礼仪等所需要的各种解释，甚至还必须指出，一个对宗教生活愈感到格格不入的人，愈会好奇地想知道：这些古怪甚至悖理的现象怎么会发生的？怎么会在人类历史中占有如此重要的地位？说"宗教问题已经过时"，便是说不必再去追问是否宗教信仰所肯定的东西在存在界实有其事，是否有一个具有传统上把许多属词归于名叫"神"之存有，是否信徒们所谓的救恩并不是按神话方式粗糙地解释之主观经验。他认为我们已经知道一切来龙去脉。下面我要引一段罗素（Bertrand Russell）的话，我觉得这段话意味深长：

> 人是许多盲目原因的产品。他的起源、成长、希望、恐惧、情爱、信仰只是原子之偶然集合所生的结果。没有什么热情、英雄气概、思想或情感的强度能使一个人的生命在坟墓的另一端延长下去。一切时代之丰功伟业、虔诚奉献之心、灵感、天才之创造都要在太阳系之崩溃中彻底消灭。人类历史上修建的伟大神庙总有一天会倾倒在地，变成废墟残瓦。上述一切现象如果并非毫无讨论余地，至少可以说差不多很确定，而没有一个反对这些看法的哲学，能有希望站得住脚。[1]

罗素本人之信仰立场对我们来说并不重要。只是从这段话里我们找到了否定式之信条（le credo négatif），其中包含了我很愿意加以分析的态度。或许有些人还会坚持说：即使在这种宇宙性的失望情态上，我们还可以建立起宗教来。然而我相信没有人能支持上述看法而不在语言应用上犯了严重错误的。有机会时我要解释我这个说法。

为了把我们以后要讨论的题材——这是要用相当迂回曲折的方式讲述的——先提示一下，我愿意立刻指出我想连续取用三个不同层次并且相连的观点：首先是纯粹的理性主义，亦即启蒙哲学（philosophie des lumières）的观点；其次是科技观点，更确切地说：科技哲学的观点；最后是强调生命或有生命原则之首要性

---

① *Philosophical Essays*, p.53.

的哲学观点。

首先要指出的是，我们试图界定的理性主义立场所包含的非常特殊的话题观念。"今日，人们通常都说，不可能相信奇迹或神降生为人（l'incarnation）。20 世纪 30 年代的人绝不接受肉体复活的教义。"我信手择取了这几个例子。我觉得很有兴趣的一点是他们对日期的强调。实际上这日期已和一种观点同化，并且几乎变成一种在空间中，譬如说在一个"观望台"上观察一切的优越立场。时间或历史在这儿显得好似是已质化的空间（un espace qualifié），因此可以冠以"前进"（avancé）或"落后"（rétrograde）之形容词，来暗示赞成或反对的态度。这些形容词在我们（法）国的政治心理学中扮演重要的角色。人们会很自然地认为时间上较后的与较前的阶段相形之下能够显出一种倒退现象（un recul）。有时候在同一个时间中，一些看得比较深远的人，会发现自己同很迟缓笨拙的人混在一起，上述的看法就更似真了。在这两类型的人中会产生权力的问题，若落后者能暂时有更大的势力，这时倒退的现象就显出来了，但他们认为早晚人类的精神会重新踏上光明的胜利之路。"光明"这是一个字眼、一个概念，然而没有人会怀疑它的重要性。我们应当停下来仔细地推敲它的意义。我相信我们会发现在与希腊智士及天主教的早期教父神学大师们（les Pères de l'Eglise）所发挥的形上概念比较之下，这是一种非常贫瘠且俗化的表达形式。暂时我们不必太强调这一点。启蒙之进步说以两种面目呈显出来：第一种是伦理政治型（由这个观点看蒙昧主义〔obscurantisme〕是一个很有启迪性的词）；第二种是科技型。其实这两种形式紧密地连在一起。我们应当在这里留意两件事情：首先是启蒙哲学几乎无法避免地要把在它整体历史中加以考虑之人类与从童年到少年到壮年成长中的个人来对比。那位启蒙者把自己看成成年人，不愿意再聆听童年时保姆给他讲述的神秘而有趣的故事。但这种太简化的说法显然地引发起别人严重的反对。尤其我们不能不问童年时代是否有一些价值——譬如某种引人入胜的信托感，和坦诚无欺的心态——值得成年人不惜一切代价将之保存下去，除非他甘心让自己陷入经验的教条主义中去，对一切新鲜的事物只以讥诮的态度相待。这个分析能引申出其他许多深奥的真理，在佩吉的作品中可以读到非凡的发挥。

其次我们要谈到更重要的事，许多人不加可否地接受下列看法，即除非人们逐步取消人类中心主义（l'anthropocentrisme），不然启蒙精神必不能有所进展。他们极其重视现代天文学之拓开太空视域的成就。他们会这样说：

在哥白尼和伽利略以前，人们认为地球是宇宙的中心，而人在当时大家都相信的创造说中占有特权地位。然而天文学终于把地球和人放回到他们原来的位置上，使人了解他们在无限伟大之可见宇宙中只占有几乎不足为道之一席卑位而已。

言者愿意借这些话把人类之幼稚可笑之傲慢加以无情地鞭笞一番，这些自大的人类目空一切，以为自己是宇宙之最高形式，甚至是宇宙之目的呢！

但我们立刻会发现：一个如此稳固地在绝对宇宙论之上建立起来的哲学只在表面上嘲讽人的傲慢。实际上，它在高举人呢！此处发生一种非常古怪的位置移动。因为由于人变成了科学研究的对象而进到物体的大范畴中去，人成为亿万物体中之一个；然而同时人内部有一些东西声称高出那要把自己吸收入内的物质世界，而这便是科学。我们且不说人文科学（la science humaine），因为这些哲学家竭尽其所能地要把科学非人化（déshumaniser），要把它的根割断，为单独地察看它在自身能有的进步。于是他们高谈"精神"（l'Esprit）或"思想"（la Pensée），都是大写的，我们切勿因为这些大写字母而哑然失笑，因为正是这些大写字母开始的名词给他们对"精神"和"思想"所作非人化之努力作了诠释，它们已不再是某某人之精神或思想了，它们也不再是临在（présences）。它们变成理念性的素质（organisation idéale）。具有哲学家们难以描摹的灵透与自由。像布朗希维克（Brunschvicg）先生这样一位哲学家——他在今日比任何人更多地推广理性主义[他本人称之为精神主义（un spiritualisme），我认为这种说法不符事实]——绝对不会把"精神"或"科学"之发达看成一绝对原则在时间中的展现；[此原则以亚里士多德之"心智"（Noῦς）或黑格尔之"绝对精神"之方式从永恒到永恒为自己而存在着的]。对布朗希维克而言，这个"心智"或"绝对精神"只是形上学之虚构而已。他本人称颂扬为"精神"，他还呼之为"神"，但已把给这个名词意义之一切特征完全撤除。在他的《意识的进步》（le *Progrès de la Conscience*）一书最后他承认说：

　　或许一个与时空中发生的重要事件毫无接触之神，一个对宇宙中物理结构不起主动作用并对此不负责任之神，祂对南北极之冰层和赤道之炎热均无所愿，对象之庞大和蚂蚁之微小，对细菌之蠕动和血球之反应木然毫无感觉，一个并不计划惩罚我们或我们祖先所犯之罪的神，祂对毁信之人和反抗祂的天使并不认识，祂不使先知之宣讲和魔术家之奇迹奏效，一个既不在天上又不在地面居住之神，一个我们在历史任何片刻都不曾看到过之神，祂不说任何言语，并且祂是无法被翻译成任何言语之神，或许这样一个神在原始初民的眼光中或在威廉·詹姆斯（W. James）之粗糙的超自然主义观点中他即是所谓的抽象理念（un idéal abstrait）。对一个从根源脱离很远之思想，因经常思索而极致异常者，这是一个不从任何东西中把自己抽象出来之神，对祂也没有什么是抽象的，因为具体实物由其本身内含之真理价值而成为如此这般的。

　　这是一段分量很重的文字，值得我们一而再反省。这里我们领会到人的令人无限吃惊之傲慢；他，天晓得（Dieu merci），自以为不受初民之幼稚心智所感染，心安理得地自忖是成年人。我要向大家提醒一下刚才用过的公式：在我们这样一个时代不允许……20世纪30年代的人绝不可能接受……

　　但是我们要小心：如果对一个信仰基督的哲学家，譬如圣文德（saint Bonaventure），人显得好似宇宙的中心，因为人是肖似于天主的像（Esse imaginem Dei），并且，作为肖似于天主的像，并非人的附质（un accident），却是属于人本质的，就像任何脚印（un vestige）和印在地上两者之间不是偶然的关系一样。老实说，这个为人嘲讽之人类中心主义，实际上只是上帝中心主义的适用而已。对圣奥斯汀、圣托马斯或圣文德，是神，且只是神为中心。然而在我们讨论的情形之中，是"非人化"之人的精神，它的一切能力、临在和存在都被剥除了，是这样的人的精神僭越了神的位置，并且取代了神。

这样一种哲学明显的不易思考，它的信徒很少。我相信大部分认为宗教问题已过时的人都不会依附这种哲学，他们会甘心地加入斯宾塞之不可知论主义或勒·唐泰克（Le Dantec）之唯物主义阵营中去。从推理角度看，后面的情况更为不堪，但立足点较稳固得多。布朗希维克先生之立足点究竟在哪里呢？首先是傲慢，我毫不迟疑地这样说。有人可能会打断我的话向我指出：此骄傲并没有个人的特征，因为他们在向我们陈述之（大写的）"精神"（l'Esprit）并非某一个人的精神。我立刻会回答说，它是或它愿意是一切人的精神。我们都很清楚，从柏拉图以降自诩为民主之人士多么习于奉承，而此处的唯心论只是其中的一种，改装换面后出现而已。更有进者，实际上，唯心论不可避免地僭越"精神"之地位——这时我们接触到了某某个人。让我们领他去面对一个令他惊愕的现象：一个基督徒太空学者，一个太空学者怎么可能相信神降生为人的事，并且去教堂参与弥撒呢？对方之唯一可能回答乃是作如下之区分：就在于他是太空学者，那个怪物，更确切地说，那个两栖动物可算是 20 世纪的人，我们唯心主义者向他致敬，把他看成同代人；但另一方面，由于他相信神之降生成人并上教堂参与弥撒，他把自己当作婴孩，他是属于 13 世纪的人，我们应该为他致哀。如果我们问这位哲士他作这种两分法的依据是什么，他必会回答说"理性"或"精神"是他的依据。可是他不会说服我们，尤其当我们见到他自己应用心理学和社会学的论证去解释太空学者之（信仰）残余而绝对不允许我们以同样的论证去分析他的时候。他是一个彻底的 20 世纪 30 年代的人物。然而他同时口口声声地提到一个虽然已诞生了，但仍未化为人形的"永恒精神"。我们毫不含糊地说，这些看法非常不协调。很明显地我们可以看到下列事实：如果这个唯心论者碰到一个马克思信徒，后者干脆地告诉他所谓"精神"只是资本主义社会的产品，只是经济闲暇的产品，这时他必要逃入最贫血的抽象堆里去寻找庇护了。对我来说，我认为这一类的唯心主义不可避免地要夹在具体的宗教哲学和历史唯物论之间被压扁；因为当它面临历史——任何一种真实的历史，它就显得一无所能，即使只是某一个体生命之历史。它从来不会有悲剧意识，更严重的，我必须补加一句话，有的只是资本、只是物欲。从我这方面来说，我相信，把笛卡尔之物质（matière）用具有丰富含义但较模糊的"肉身"（la *chair*）概念来取代（这个概念包含在基督教哲学之内），倒可以使形上学向前跨一大步。有一个几乎从未被人探索过的问题，我认为形上学专家应当予以特别注意：在哲学史中"肉体"和"降生为人"（incarnation）之概念的演变和愈趋暧昧之事实。

实际上，这种唯心论纯粹是大学中的理论而已，叔本华曾经对他同代的学院派哲学施以无情之抨击。叔本华做得过分了一些，因为在谢林（Schelling）和黑格尔的作品中对具体的事物和人类戏剧性的存在都有相当尖锐的感觉。

然而事实上，哲学唯心论如果没有在一切方式之科技圈中找到一个孔武有力的同谋的话，大概对人类思想的发展不会起什么大影响。实际上确确实实是在科技的精神之中，我相信当代很多正直人士遇到了为接受宗教生活，或宗教真理最大的阻碍。

这里我所进行的是一连串相当细腻的思考，很抱歉我必须对这些看起来或许有点微妙的概念进行分析。我相信我们现在已经处在问题的核心中了。

所谓科技，我的意思是，一般而言指任何可以确保人类掌控某特定对象的学科知识。显然，任何科技都可能被视为某种技术操作、某种管控的方法、某种处理材料的方式，而且是那些纯粹理念材料的处理方式（例如历史或心理学的技术）。这里有几点值得考虑：首先，我们给某一种科技下定义时，常参照客体给予它的某些把握；然而倒过来说，这个客体之成为如此，只由于我们能对它有这些把握所致。上述看法即使在最初级的层次上，譬如在外在感觉层次上，也已是真实的。因此，科技的发展和客观性精神之进展是平行的。可以这么说，如果一物体愈被暴露（exposé）于外、能为更多和更完善的新式科技服务的话，它愈成为真实的物体。其次，科技之特性就是可以不断改良的，它能不断地更精确地被调整和校正。但另一方面我想说，只在科技的层次，我们才能毫无疑问、严格地谈论可改良性或进步。这里的确有一种可能的衡量标准，对应着产值效益本身。最后，或许也是最重要的一点，我们愈来愈领会到，提到人的力量的时候，我们就暗示了某一种科技的应用。老百姓的天真乐观在我们这个时刻实在来自这一连串的观察。我们几乎可以确定地说，对我们同代的大多数人来说，飞行和无线电之发明是进步之可触觉到的保证。（译按：这是 20 世纪 30 年代的口吻。）

另一方面，我们不能不指出这些征服行动引起的副作用及必须支付的代价。因为从上面角度来看，这个世界愈来愈变成一个可供开垦的土地，甚而肖似一个被驯服的奴隶。在报章杂志上读到某个天灾报导时，我们都感觉到原被驯服的怪兽竟挣脱了我们的掌握而向我们报复的暗示。就在这里，我们看到了它与唯心主义的关联。人不再被看成是精神，而变成了一种科技的能力。人变成在一个不相称他之世界次序或组织中唯一独特的城堡。这个世界一点儿也配不上他，并且表面上看是在一种纯粹偶然的状态之中世界产生了人；更好地说，是人用强烈的自我解放行为把自己从世界中扯下。普罗米修斯（Prométhée）神话的丰富内涵在这里表露无遗。或许许多科技专业人士看到我们把这个古怪的神话派用到他们身上去的时候，会耸肩表示轻视，可是身为技术人员他们还能做什么呢？什么也不能。他们只能把自己封闭在自己专习的知识范围之中而拒绝思考宇宙实在界之统一性的问题。当然有人必会继续尝试作综合工作，因为统一性的需要是压不下去的，或许是构成理性根基之要素。然而如果你把这些综合与科技本身加以比较，前者常会显出有较多的偶发性。我们会说它们是浮在空气中的东西，不着边际。这说明了在纯粹综合与专门的科技比较之下常显得缺乏基础。如果实情真是如此，那么问题愈来愈显得不明朗，使我们看不清楚实在界之本来面目，使我们不能不把它分割成互相不沟通之区域，而逐一地去了解它们。问题还没有完全解决哩！我们不能让语词所蒙蔽。我们要问：这个科技力量属不属于某一个人呢？是不是在某一个人操纵之下它才运作呢？但是谁是这个主体呢？问到这里，我们又触礁了。似乎这个主体本身显出的样子要某些科技的客体一样。这些科技多种多样，各个不同，在它们之间只有一些难以划分的清楚联系。然而有一件不容置辩的事实——经验也大量地作证——即这些科技本身，由于它们只是科技而已，当它们更深地接触到一个分割、划区之类活动显然无法实施的领域时，它们就更变得束手无策、一无可为了。这是为什么心理学或精神病学对某些个案常会叫我们感到隔靴搔痒地无技可施。

　　这样我们就碰到了一个逃不掉的棘手问题。自甘地交付于科技之主体，不再能起照明的作用，他唯一的了解事物之途乃是反省。他要借用来自物体之某种光亮而向前迈进，因为那些企图为了解主体所应用之技术，势必在外在世界之科技模型上建立起来。对物、对人所用的技术本质上是一样的，只是移了位，把焦点转向了内部而已。柏格森对这种思想形态所作的精辟批判是他哲学中最不朽的部分，我只能在这里作个提示，而不能详尽地介绍。只有一点我不能不指出来一下，即使在科技最猖獗最跋扈的地方，在主体内还有不可攻破的坚城，此即对喜乐和痛苦所有的立即感受（le sentiment immédiat du plaisir et de la peine）。在科技发展愈来愈精细的时刻，如果发现在情感中有极直接的（immédiat）和初级的（élémentaire）成分顽强地反抗受控制的话，科技人自然地会感到难以遏止的愤慨。英国人说的"祝愉快"（"having a good time"）这种心情就是情绪中独立的成分。当然这些情绪成分和科技人对之产生的愤懑并非是绝对注定的关系，并且不一定要在一切案例中发生。然而实际上我们理会到这种关系相当的普通，因此的确可以成为反省的数据。诚然，我们常常见到，当科技发展愈趋精密的时候，人类的精神生命加速地贫乏起来。我们看到为人所用之工具和用工具者自知要实现的目的之间有愈来愈明显之不均衡。此处或许有人会反对我说：从事发展科技之个人臣服于远远超越他个人所求之社会目的呢！然而这会不会是一个幻想？我们都知道好久以前社会学家传布的巧辩：他们认为在"全体"之中有比"部分之和"更多的东西。实际上可能的确尚有别的东西，但纯从表面看，此中不同由零存整付的方式了结了，它用一个负号来表示。我们不懂为什么一群愚笨的人——他们的个人理想只是借参加舞会和观看言情或侦探电影，而寻找刺激——所结合起来的会不是无知的乌合之众。答复是太明显了，因为这些凑在一起的个人只以他们之低级或初级的通性把自己团聚在一起。顺便可以说，这里清楚地显明一个社会（une société）和共融体（une communauté）之间的不同。我们可以举一个例子来说明：非机械化地聚在一起之教友所组成的教会构成一个超越这些个体之整体。然而这个共融体之所以可能建立起来，先假定了其中成员都成功地保全了他们内心深处生命线（palladium），这就是灵魂（l'âme），是不论何种科技都致力摧毁的"东西"。

终于各位间接地了解有一个与科技控制之世界完全不同之次序呈现出来。这就是保持纯粹性的宗教。这个宗教有别于魔法、反对魔术，并不与科技扯上热核关系。其实，宗教建立一种次序，主体一旦进入其中，就会发现自己现身于某物之前，某种他绝对无法控制的可能之物。"超越"一词如果能有什么意义的话，就是这个意思。它确切地指出在灵魂（即人）与存有之间有一道绝对无法通行的深渊，因为存有不会让人把自己捉住的。信徒合十这一个姿势充分显出他不能做什么，也不能改变什么，他能做的只是把自己交付出来。这是自我奉献和向神膜拜的姿势。我们还能够说这种姿势带给我们体味到神圣事物的感觉；在这个感觉之中，我们同时有尊敬、畏惧和爱慕的情愫。请大家注意，这里我们绝不主张要大家变成被动的人。若有如此主张，则暗示他认为一切名副其实的活动都是科技活动而已，表现在取（à prendre)、改变（à modifier）和苦心孤诣（à élaborer）的行为上。

此外，我们必须体认出，在这一点和别的许多方面，我们今天还是非常模糊。我们几乎不可能不以某种身体的生理的形象来了解活动（l'activité）的实质。我们把活动想象成发动一架机器，而我们的身体变成了这架机器的发动机或甚至模型。教会初期的教父神学大师们重取和发挥的古代信念："冥想（la contemplation）是最高级活动"，在今日已几乎完全不为人知。这是值得我们深思的现象。我想一切形式的伦理主义（le moralisme）只要它们仅把劳动工作看成唯一的价值，便都会影响大众对冥想之德不再予以信任。尤其是康德主义，当它把建构的活动（une activité constructive）看成认知之形式原理（principe formel），并把这种看法介绍到哲学领域以后，非常确定地把冥想所含的一切积极性都一笔勾销，虽然他发明了一个说法把实践理性和纯粹理性彻底分开，但也无济于事。或许只在一种实在论形上学（une métaphysique réaliste）之中才有冥想之席地。我们且不指明此处所谈实在论之本质是什么，并且它可能不必是圣多斯哲学的那种实在论。

从上所言，我们就没有理由否认向神膜拜（l'adoration）也可以成为一种实现（un acte）。然而这类的实现并不表现在把握或领悟一样东西上。为界定这类实现，我感到非常棘手，就因为这不是可以把握的东西。或许我们可以说，膜拜之本质在于同时把自己开放并奉献。有人会说从心理学角度他可以接受这个说法，但是他又要问说：向谁或向什么开放自己并奉献自己呢？问到这里，现代的主观主义的马脚都露出来了，我们重新撞到起先的争论点上去了。我毫不怀疑地确信：现代心智之决定性收获便是纯粹的主观主义；在这种气氛之中，宗教问题必然应当被视为是已经过时的问题。有一个当代的例子很有启发性：在普鲁斯特叙事的那样一个世界之中，宗教绝无存在余地。只有当这个世界出现几个漏洞的时候，宗教层面上的事物才有可能混入。

然而我想我们不可能以为这种主观主义已是一劳永逸的东西。今晚我只指出一条思路的方向，我自己却不能深入去探讨。对这个问题，我个人所采取的立场，几乎完全与马里坦一致，同时也很符合目前德国现象学哲学家关于意向性（l'intentionalité）的理论。我想实在论之所以被笛卡尔及其后人打垮，只因为后者认为前者含有唯物论的成分。马里坦曾说："笛卡尔和康德虽然企图解释感觉和理性的问题，然而他们不能登堂入室，因为他们在讨论这些问题的时候，就像讨论其他的东西一样，他们并不了解精神次序的真谛……"就我而言，我愿意加上一个十分类似的说法，我认为我们绝不会夸大地责斥误用某种知识论所能引起的恶劣后果。我们再一次看到：如果从科技出发来了解一切，人们一定会逐渐漠视人的精神实在。我相信只有在上述的假定之下，人们才能把"崇拜"看成不涉及任何实在界之纯粹主观态度。但如果我们沿着现代思想两世纪以来一直想爬而不断滑下来之山坡上继续前进的话，我们可能达到一个神圣知识（une connaissancesacrée）的基本观念。这个观念将会协助我们给冥想交还它的实质内容。

此时此刻我心有戚戚之感，因为我把那么严重而困难的事用极肤浅和快速的方式加以描绘。可是面对如此浩瀚的境域，我企望能做的只是将问题的焦点指出来。德国形上学家伍斯特（Peter

288

Wust）说过：

> 当我们思考从柏拉图、圣奥古斯丁，历经中古世纪一直到现代知识论的演变，我们觉得对人类灵魂——或可称为"心智的内层"——之神圣部位愈来愈采取俗化的态度，并且颇有凯旋的气概。

伍斯特又说，为克胜这种情况，我们现代人要用一种知识的形上学逐渐而艰辛地把中世纪由奥秘和虔敬所包围的神秘主义（une mystique）重新争取回来。简而言之，我们或许与下面一个基本真理失去了接触：知识要求我们对自己的生活有严肃的自律工夫，这是指自我净化的工作；更直接地说，除非求知者事先已使自己变成相称的接受者，否则知识绝不会向他过量地倾泻出来。这里我又想到科技的进步使人们习于认为知识本身只是一种科技而已，它对求知者一无作用可言；这种思想形态很有力地叫我们看不清问题之真正所在。上述苦行禁欲与净化工夫首先应当着重在逐步把自己从一个纯批判性和专事反对（objection）的反省中挣脱出来。勒南（Renan）曾说："真理或许是悲切的。"克洛岱尔对这几句话感到气愤。这句话简洁地表达出我称之为"但书哲学"（la *philosophie du mais*）的思想。巴雷斯（Barrès）在他的备忘录中说起过"真理之叫人志气消沉的忧郁感"，也属于同一哲学思想类型。在一切形式之悲观主义的根基处所有之哲学，这也就是我称之为神圣的知识者，恰好是上述思想形态的相反。这类相反精神之产生屡次不在出发的地方，却常常像克洛岱尔本人一样，是借英勇的奋斗而获得的。

我相信以上所说触及了我们主题中最敏感的一部分。对大多数人而言，宣称宗教问题已经过时，就是说今日世界确有不可救治之缺陷。这里我们无法忽视无神论者经常采用之消极论证的实际重要。他们探索了一切可能机会来向别人指出：这个宇宙无法满足我们的要求，我们由天性或后天承受来的那种形而上的渴望深渊不会被实在界所填满。

然而令人吃惊的乃是这些人一面坚持世界有缺陷，一面又完全无法把握"恶"与"罪"之真谛。这是科技性之理解事物的方式再一次出场的结果。世界被看成一架大机器，对它唯一可求的就是正常操作；人在旁边只为纠正某些错误而已，然而目前很遗憾的是，人还不能控制这架大机器之整体。还可以说，这些操作上的错误或缺点并不能归罪于任何个人，因为在另一端，并没有什么人。只有此端之人类面对着这架没有人性之机器。另一方面，他以倒转的方式，或我提到过的内在化方式，把自己照章处理，让自己被吸收到这个没有人性的宇宙中去。换句话说，他承认在自己身上有些机能上的缺点，为治愈它们应当取用不同的方策，甚至个人或集体的治疗法。

我们再一次地遇到一个很有启发性的关联，它把崇拜神的行为和对罪恶所有之意识连在一起，此处所说的罪恶是指不能接受科技批评的一种，却受一种超自然之行动，即恩宠之鉴定。说到这里，我必须请大家注意下列事实，即在科技世界中含有的关系在这里恰好倒转过来。如果包含在崇拜行为内之实体不允许主体对它有任何控制的话，相反地，这个主体却显得好似被一个从存有奥妙深底流出之不可理解的召选（une élection incompréhensible）所完全包围。

只有在这一类型的思考方式中，我们才可以对救赎一词有所了解。对于那些坚信只有自然界存在，并且一旦它受到干扰时，只有科技能够挽救一切之人，救赎一词不具任何意义。

谈到要用适当的方法去重新建立次序的观念或生命之自然流逝的观念时，我们便进入了讨论的第三层面，或许是最中心的层面。这里的基本概念已经不是启蒙之进步，或科技之进步，而是生命之进步；或更好地说：生命之价值，把它看成一切价值之根源和评估事物的基础。

不久之前，有一位热诚投身在国际社会行动之重要人士向我诉说："我对奥秘之有原则上毫无异议，我承认可以有奥秘之存在。然而我对有些教义，如三位一体，丝毫不感到兴趣。因为我看不出这样一项教义对我的生命有什么联系，它给我带来什么好处。"

我相信这些话表达了一种非常清楚的心态。这位不平凡的人士原本很可能对国家财政的正义问题或对社会保险之原则的争辩具有疯狂式的热诚，因为他看到这些问题对生活的重要性。相反，对他而言，三位一体的道理只是空泛的理性游戏而已。我们就应在"生活"一词最狭义的了解上停留一下。请注意，在生命之概念，或生命首先性和我们所谓的科技精神之间有极显著的关系存在。当有人把生命本身看成具有价值的东西，即本身就足以解释自己一切的情形时，他就会发现要控制客体的想法与自己的基本观点可以很好地配合在一起。我不想在这个观念之起源问题上停留很久。我想提醒大家的一点，是在尼采的思想中这个观念表达得最为强烈。然而在尼采的作品中，有关生命之观念滑到了权力意志之观念里去了，对很多读者后者显得一目了然。在其他作家的著作中，生命之概念显得不那么明显，因此也比较暧昧。我愿意强调：不少智力超群，其中很多自称为有信仰的人——值得大家反省——都以为生命是一切价值之唯一判准。举一个最初级的例子来说明一下吧，这是关于善恶之区别的，许多人认为一个有利于生命之行动便是好的行动，不然便是坏的。

我们愿意立即指出：从这个观点看，生命本身变成某种不必，甚至不可能再加以判断的东西。我们不必再问生命究竟有什么价值的问题，既然正是生命本身为一切价值之原则。然而我们马上要遇到一个难以分解、充满暧昧之困难：我们在讨论的是哪一种生命？我的生命？或一般意义下之生命？

首先，很明显，上述有关生命首要性之断言，并没有什么理性基础，它只能由当下自明性（une évidence immédiate）来说明。但这个当下自明性如果不依靠我对"我自己的生命"有感受的话，它的依凭是什么呢？难道它不是与这个不能化约之资料——我对自己有之私情——连在一起的？

不幸得很，那些愿用生命作为一切价值之判定者，尤其在冲突迭起的地方，他们所参考的并不是我的生命之为我的样子，却是一般意义下之生命。我有一个从事教育的瑞士朋友，他是主张生命的首要性的，可是他不用尼采的方式来解释。这位朋友煞费苦心地向学生解释：贞洁（la chasteté）的实践，或在另一完全不同之次序中的团结（solidarity）做法，皆与生命本身紧紧相连，而违背这些重大的责任，就是出卖生命……我们立刻注意到两点：第一，我这位朋友一开始就给生命下一个有主观色彩的定义，这是按他个人之理想所发，虽然他本人并未直接地意识到；第二，如果我们愈从一般性意义下看生命——把它看成庞然大物和模棱两可的东西——我们愈不可能获得那种完全从我个人生命中所抽取出来，虽为有限却倒是很直接的证据来作理论基础。

一种以生命作中心的哲学本质上要染上暧昧的色彩。因为或者它愿意把某些生物学上的发现看成通则，把它们适用到一切情况之中。在这种情形下，由于这些发现的范围是那么浩大，这样的哲学可能要去应付最矛盾之论说。在这里我不必指名大家就知道了，当代有位相当著名的作家竟坚持把从实验动物所得的结果适用到人的身上来。或者，同样的哲学门人不再把生命看成可观察的生物现象之整体，却大胆地、不加证明地宣称在生命中有一种所谓精神冲力或精神流（une sorte d'élan ou de courant spirituel）之存在。我个人认为在这个理论内有不诚实的地方，因为它表面上似乎在给我们提供经验数据，实际上却是心灵自由选择之结果。

如果我们再举一个具体的例子，我们就会看到其中的阴影更严重。

我认为当代的文学作品蔓延着一种不成文之哲学原理："所谓我者即我之生命也。我是我的生命。如果说有一天我的生命会全部用尽，那就是说，在那一天我自己要全部耗尽。"这些作家又认为只有某种虚构的残余能把我与这个基本同一性间隔开。我们最好不要问以上的错误怎么会在形上学范围内发生的，因为这样一个问题会把我们带到很远的地方去。他们的答复很简单：生命会分泌一种毒液，而以某种方式把自己的生命流截断；意识的角色就是要把这些毒液化解掉，而尽可能地把自己溶入已涤清的生命流之中。

我用比喻的方式解释这种哲学思考方式。它的根源，我相信来自在这篇演讲之中我提到过的科技哲学。然而这并不重要。重要的乃是这种对我与我之生命间有的关系和对诚实之了解方式会引起什么后果。我认为我们在这里碰及了近年来的文学界，尤其是纪德（André Gide）的作品所引起的严重问题。我只想从一个方面来加以分析。

请大家注意，这种对绝对诚实之关切无可否认地，并相当明显地来自对解放自己心灵的渴求。我愿举《人间食粮》(Les Nourritures terrestres) 一书为例，它能给我们提供一个不寻常的证据。然而为获得这类的解放应当支付什么代价呢？请注意这点：这个解放要求我彻底放弃控制我生命的一切企图。控制我的生命实际上就是把它隶属于某一种原则之下，并且假定这原则并非是被动地接受的遗产。它以僵硬的方式翻译出我过去生活之一个片段。这个我过去生活之片段没有任何管辖我现在生活之名分。把过去生活之轭挣脱掉，这只是为了委身于瞬间，也就是禁止自己以任何方式投身或承诺。可是你不见到这种自由——我永不会给它辩护的——是完全没有内容，并且它拒绝具有任何内容吗？我知道得很清楚：纪德先生——不是今日已成理性主义者，并且具有伏尔泰色彩之那一位，却是《人间食粮》之作者——会夸赞纯粹瞬间之充实，满含着新鲜的感受。然而辩证性的真理在这里大放光芒，因为它向我们指出：瞬间能饱含新鲜感只因它有一个不出面且与瞬间保持对立之过去。更奇妙的是有一种与新鲜感，与新物之为新之延续连接起来的饱餍感受哩。

由上所言，我们接触到一个不能忽略的事实，虽然在谈到它的时候，我们难以避免给人讲述听过多次的老道理的印象。不幸得很，一些最近的经验把这个古老真理的轮廓又凸显出来：没有什么东西比把生命举扬成纯粹的瞬间更容易诱人走向失望和自灭，换言之否认存有。我们并不想附随年轻而狂热的天主教辩道家马克森斯（Jean Maxence）的讲法，他说："康德刺激了纪德，纪德影响了布勒东（André Breton），而布勒东又诱引了瓦谢（Jacques Vaché）去自杀。"这种处理思想家谱的方式似乎太急遽了一些，尤其在处理康德和纪德的关系上，马克森斯控告的并不属实。我不以为纪德的瞬间主义必须结束在失望一点上，那是因为人的心灵中含有一些他自己往往忽略的自卫的能力。纪德本人的故事和他的作品都可以作证。我相信这种瞬间主义不单是一种界限立场（limit-position），并且是有利于文艺的立场。一般人都至少隐约地如此认为。然而如果有人把瞬间主义看成生命基本立场时，他必不能避免地冲向一个最不可救药之精神浩劫之中。

　　从以上所有的讨论中，我只准备抽取一个结论：只有在我们能把我的存有与我的生命分得清楚的条件之下，我们才能有理智上与心灵上之救赎可言。从某些角度看，这种区分非常神妙，但正是这神妙性给予我们分辨真实所需要的光亮。当我们说，"我的存有不同于我的生命"，我们主要在说两件事。首先，由于我不是我的生命——那是说有人把我的生命给了我；以某种意义来说，我有用人的方法无法测量的深度，甚至在我活前我已"存在"。其次，当我一开始活时，我的存有就一直在受到威胁，我们应当使它保全。这或许就是生命的意义。从这第二义来看，我不在我的生命之这一边，而在另一边。我认为没有什么其他方法可以解释人生中的考验，我也看不清楚如果我们的存在不是一个考验的话，它究竟能是什么。再提醒各位一次，我不愿意这些话叫大家联想在参与主日弥撒时昏昏欲睡地听到的"样板"道理。

济慈（Keats）绝不是狭义的基督徒，但把这个世界看成一个制造灵魂的山谷（*vale of soul-making*）。他在 1819 年 4 月 28 日的信（见 Sidney Colvin 编的版本第 256 页）上说："就像人的生命那么不同，他们的灵魂也迥异。上帝如此造了个体、灵魂、有同一性的魂，来反映祂自己的本质。"我很同意他的看法，虽然他用的词藻比我的要鲜明得多。下面是我要交代的最后一点：

我清楚地理会到你们中有几位对"圣宠"和"救赎"的观念有一种几近厌烦的感受，好像是老早见过听过的东西，好像在这种气氛中呼吸过太久而有窒息感。也正因如此，我们这个时代有那么多超现实主义者（les surréalistes）出现，竭其可能尝试各项冒险，渴望逃避现实，寻求新奇事物的刺激。我并不否认在这些渴求中有不少是可以局部地获得解释的，只要我们摒弃被这类渴望所遮蔽起来的对自己的仇恨，及近似魔鬼之邪恶。

我还必须作两个补充。或许"圣宠""救赎"就像"诞生""爱""死亡"等被人看成属于同一层面的人生常事。由于它们都是独一无二的事，因此常常可以改装换面，变成新的东西。第一次掉入爱河的情侣，听到自己将为人父之丈夫，或自己将死，都不会有听老掉牙的故事的感觉，相反，他觉得这些都是破天荒第一次发生的事。同样的感受可以适用到真实的宗教生活上去。罪、圣宠和救赎如果只是一些说法的话，那么它们是陈腐不堪的东西；但如果是事实的话，情形就不一样了，因为它们关及我们的命运呢！

然而这并不是我的唯一答复。还有另一个。我深深相信即使在宗教的范围内，更新的需要到某一程度可以是合理的需要。这尤其指表达的模式方面的革新。这是我演讲结论之要点。我愈看到当代某些受到普遍重视之哲学思想在散播有害于精神发展的社会影响时，我愈理会到某一种神学心态的危险；这种心态认为某一类哲学和神学之表达方式，譬如圣托马斯的公式（这里我不涉及信理，这是不同的），可以在今日世界按这些公式之词义普遍适用。我觉得或许对某些人还可以，但对所有的人来说，这是另一回事。我认为这些公式包含的基本而真实的灵感，如果能够采用另一种更新颖、更直接、更有启发性，更能与我们经验和每人忍受的考验配合的言语来表达的话，它们一定会具有更大的传播实效。要达到这一个目的，我们必须再创造一次，而在再创造之前，必须有很多既是批判又具建设性的思想工作。我们今日几乎已埋葬在废墟之中。这些破瓦残砖一天不扫除，我们就无望进行任何新的建设工作。这项工作一点也不讨好，然而我相信对宗教生命之发展实在不能缺少。对那些已经相信，但如果不振作，就会掉在毫无血色的教条信仰之中麻痹自己者非常重要。可是对那些尚未相信而在寻找者，他们或许愿意相信，但尚未决定，尚在痛苦中挣扎要不要信，一面感到内心不断升起之"信"和"望"的模糊领会，一面又怕这一切不是真实的东西，只是诱惑罢了，对这一等人，上述的重建工作更是重要。这样一种思考的工作绝不是奢侈，而是不论从理性要求或从仁爱角度来看必须做的事。我认为那些天真地以为基督宗教主要特色只是社会性，只是为叫人互助的升华博爱主义者犯非常严重而极具危险性的错误。再一次我们看到"生命"一词包含多么大的暧昧成分。那些说："你想什么没有大关系，只要你活得像个基督徒"，这样的人，我认为对那自称"我是道路、真理和生命"的那一位表示了极大的不敬。祂是真理。有关于宗教问题的争执首先应当在真理的场地内获得解决，只在这个场地中才有所谓的得失。在这场战争终了时，每个人才显露出究竟他是否出卖了自己的使命和命运；我们才能看到信实是否只是少数被选者的特权，这些圣者在迈向殉道的高峰中，绝不松弛地为那些选择黑暗的灵魂热切地祈祷着呢。

第二编　对信仰的若干反省 [①]

---

① 宣讲于 1934 年 2 月 28 日天主教大学生联会。

从一开始我就愿意先向各位说明的，不是我讲话时采取的观点，而是我希望大家与我一起具备的内心态度。

实际上，我并不是以纯粹的天主教徒立场发言，而是以一个信仰基督的哲学工作者身份。更确定地可以说：我很晚才接受基督信仰，经过了一段曲折而复杂的心路历程。我不后悔有过这段摸索过程，其中有很多理由可以说，但最重要的理由乃是由于我常保持这段经历的宝贵记忆，因此我对那些也在摸索中的旅行者寄以特殊的同情。这些朋友有时备尝艰辛地在走与我曾走过的很相似的小径呢。

这是难以避免的比喻，显得有些牵强，甚至令人不舒服。至少我绝不以为我是一个已经"到达"终点的旅者。我有我愈来愈清晰的信念——"信念"两字还是太弱，太具理性色彩。这就是我所要说的一切。更确切地说，在我之内有一些最放松、最多获得解放之部分已沐浴在光明之中，可是尚有很多部分还没有——

让我用克洛岱尔的说法——被破晓时分几乎从地平线辐射过来的阳光所照明，换言之，还没有受到福音的熏陶。这一些部分很能与在黑夜中摸索前进的其他心智缔交深谊。我们还可以反省得更深入一些。我想实际上没有一个人，不论他已多么强烈地被照明过，或已经抵达多么高超的圣德境界，他绝不能算是已经抵达目的地者，除非一切其他的人都振作起来随着他一起向前走。这里有一条基本真理，它不但属于宗教领域，而且也是哲学性的，虽然一般而论哲学界人士并不一定体认出来。我现在暂时不想去分析其中理由。

上面所写的颇能帮助我确定我要设法解释的事物之进路。因为我感到我现在要在一群与我同行的朋友面前进行"反省"，或许正因如此，我可以伸手帮助某些在黑夜中爬山者。我们大家的命运注定我们要如此前进，因此虽然表面上好像每一个人都孤独地在爬行，实际上并不是这样。我们首先要清除的幻觉及克胜的阻碍便是把自己的信仰看成绝对孤立的事实。然而，几乎不必说，我进言的对象更是指向那些比较不幸的听众。他们对达到巅峰不抱任何希望；更有进之，他们甚至相信根本没有巅峰，不需要爬上去。而整个人生探险只是在茫茫大雾中乱走一阵，一直到死，全归于无。终点有一个要吞噬一切之绝对空无。

我一开始就愿把我自己置放在这些迷失的旅人之立场上看问题，他们不只失去了有一个目标的信念——不是指社会性的，而是指形上性的目标——甚至不可能想象命运一词还有什么意义。

这类迷路者的数目可说成千上万，我并没有要用解释或劝告的方法把他们汇集在一起的幻想。但我相信某类反省能鼓舞振作人心。我相信对处于悲剧性的情况中勉力奋斗的今日世界而言，有一种东西比艺术和抒情诗更能有所作用，这就是从个人最深刻的内心经验出发建立的具体形上学。我愿意用很短的片刻向各位打开几条小径，或许某些人不会拒绝循此前进。

无信仰者对信仰的观念

我要尝试分析一下那些由衷自信没有信仰的人对信仰所有之不太明显的概念内容。为了方便起见，我们认为不能不作若干范例的区分，它们能把我们一般遇到的无信仰的情况直接或间接地归约到自己的类目中去。我故意忽略掉比较稀少的一类，属于这类的人如果被人询问他们对信仰的观点时，会说："对我信仰一词毫无意义，我对它能有的旨意毫无了解。"如果问者坚持下去，这位朋友会表明采取下面两种立场之一：

或者，他把自己排入那些把信仰看成一种纯粹的人性软弱或盲从，而庆幸自己得以进入脱免者之行列中去；

或者他并不蔑视信仰，却认为那些有信仰者运气较好，只是自己没有这种好运而已。

后面的例子含义相当模糊。在这里我们必须分明三种可能性：

其一，说这些话的人可能在暗示："是啊，上这样一个当倒有不少方便，可惜，我力所未能及也。"如果是这样的话，他在暗中表示自己的优越感，虽然他为这种感觉需要支付不小的代价。这种人表面上称扬的东西，实际上是他最轻视的，因此他们与第一类把信仰看成纯粹的人性软弱所致的人沆瀣一气。

其二，有人也可以把信仰看成叫人感到舒适的玩意儿，就像音乐一样。持这种见解的人也有问题，因为真有信仰者实际上他所坚信的对象是实在的事物，同业余音乐爱好者完全不同。他们所作的断言究竟站得住吗？我们现在在讨论的一类无信仰者或许会答说："是啊，为作这些断言之人，为如此这般相信的人，这当然站得住。"弦外之音在说这些断言都不正确，因为宣布者曾经表明并不是为他本人而是为一切人而说的。

其三，最后一种也是相当普遍，这些无信仰者认为，信仰对具有宗教信仰的人来说，的确使他与某一至高的实在界建构真正的沟通，然而他不得不坦白说明，很不幸，这个至高的存在并没有向自己显明过。这里，无信仰者以盲者讨论光亮的方式来谈信仰。

对我来说界定这最后一个类型是最为容易的事，因为我自己曾多年属于这一类。那时候我常常在作品中描述我相信别人有的信仰，而我自己却并没有。不久之后，我领会到这是一种矛盾的态度，因为设想我们虽然自己不信宗教，但能相信别人的信仰，这是严重的幻想。事实上，当我身处如此的情境时，已有了开放和等待的心态，而这种心态已包含了，甚至已是信仰了。此外，在这个阶段中我曾经写过这样的句子："实际上我不知道自己是否已经有了信仰，我不知道我是否已经相信了。"

今天我倒以为以这种不确定性表示的心态实际上（虽非明显地意识到）却是那位自忖能断然宣布无信仰的朋友之心态。

信仰，盲从的模式

让我们回到第一种形式的信仰者那里去，尤其是认为信仰只是盲从的那一类。这种解释能不能符合有信仰者对其信仰的概念或对其信仰所有的经验呢？

我们立刻碰到一个难题，一个吊诡的事。信仰是一种美德（virtue）：这与把信仰解释为盲从的观点，能相容并存吗？

乍看之下，我们或许以为两者截然对立，因为美德产生力量，而盲从只是心智软弱的表现而已，优柔寡断。因而，有信仰者与无信仰者似乎用同一个名字来指称彼此并不相关的两件事。我估计无宗教信仰者会作近似下面之回答：

有信仰者把信仰看成美德，因为信仰包含了谦逊的形式，但就是这种谦逊叫人显得可耻，因为它所涉及的，是人最无谦逊权利的部分：下判断。那么要使判断需要谦逊之理由究竟从何而来呢？从内心的怯懦而来。生命和世界有时给

306

我们呈显一幅可怖的景象。真正的智者，兼有智慧和英雄豪志（héroïsme），才能面对这个世界向它注视；他知道在他之外、在他的理性之外，他不能寄望找到对抗破坏这世界次序之援助力量。相反，信徒们却臆想在这个世界以外会有一个终极的力量来援助自己，因此向之寄以全副信心，对之恭奉虔诚的祈祷。他们臆想他们所呼求的上帝对这些行为非常满意，而视之若美德，但在我们其他不信者的目中看来，这些行为只是逃避，只是任性的盲目而已。

信仰的逃避

现在我们进入问题的核心中去了。我相信已给大家解释了当一个无信仰者采取绝对的排斥甚至厌恶的态度时，他对信仰会采用哪一形式的概念。然而我们仍应该问这类判断涉及哪一种情景呢？

首先我注意到，把信仰解释成逃避纯系没有事实根据的主观构想，不符合大部分的实际案例。以我来说，信仰在我生命中诞生的时刻是我一生之中情绪最稳定也是最幸福的时期。如果情形不是这样，我就会对自己之改变产生极大的怀疑。那么无信仰者之构想根据何在呢？

我们在这里很可能参考一下舍勒（Max Scheler）在《愤怒的人》(*L'Homme du Ressentiment*) 一书中所写的精辟透彻的文句。他说，无信仰者认为理所当然的乃是，凡为真有价值者均为普遍性的东西，即能为任何人承认者；那些不能表明及传达给人，不能使任何有理性的人信服者，只有纯主观的意义，因此能被大家合法地存而不论。然而这种对广大普遍性之关切是根据什么来的呢？为什么要参考任何一个首先遇到的人的反应呢？舍勒愿意用一种愤懑的情绪（une rancune）来解释上述现象。这种愤懑情绪是那么深邃，以致有者也无法自觉；然而那些本来没有这种愤懑情绪的人常会不幸地在有者之前突然也感染了。无信仰者对其所无的东西解释成解放（une émancipation）而不是缺乏，我们应当体认到他们在某些时刻与信者相比之下显得是"没有者"，而后者却是有者或相信有者。

不信乃激情使然

因此不信者在表面上似乎持着客观和理性的借口，实际上在这种借口的底层隐藏着一种非理性的情绪。如果我们对这个问题作较深入的反省，我们不能不这样想。

让我们把无信仰者中激进分子所持的论调再探讨一下。他们这样说："我知道在那边没有什么。如果你勉力说服你自己接受相反的看法，那是因为太胆小，不敢面对这项可怕的真理所致。"——"我知道那里没有什么！"让我们勉力来把这个断言再加以审察一下。这句话本来应该是一个非常精细的研究结论。然而这类研究实际上是做不到的。我们在宇宙中的处境不允许我们对这个研究有所尝试。我们的处境甚至不允许我们对一个类似我们自己的个人生命加以判断，而称之为值得不值得去活。因此悲观主义者自认在作了一次客观调查而获得的结论实在不足以叫我们相信。我们在这里所碰到的是一种非自觉的欺骗。从前我曾经写过："在我尚不确知我是否有信仰之阶段所有的悲观主义实在只是一种欺骗性的哲学。这是一种纯粹为争辩而争辩的理论。悲观主义者必会向他自己或向外在于他的反对者开火。这是一种：‘哼！不对！之哲学。’”无信仰者究其底细实与悲观主义者同气连枝，根本没有资格自恃为客观真理的辩护人。他们的立场实际上是主观不过的，无与伦比之阴险的主观。

怀疑主义

可是这么一来我们是否要陷入一种令人绝望的怀疑主义里去？我们是否只是在说：某些人具有信仰的器官，就像身体有某些特征一样，而别的人就是没有？固然有这个器官是值得羡慕的事，然而这种说法并不对我们考虑的问题投射任何光芒，它并不能给我们什么结论；并且我们无法确定究竟是信者或是不信者陷入了幻想的漩涡里去了。

这个立场在我看来是站不住脚的。我要清楚地解释一下为什么。

试问这种怀疑主义的立场究竟包含一些什么内容？简单地说，他们在向信友们表示："或许你们看到我没有抓住某样东西，可是也许是你们也错了。在你我之间不可能有公平的仲裁，因为可能你们自以为看到的什么人，实际上并不存在在那儿。"

怀疑主义的矛盾

到这里为止，整个问题的焦点在于确定是否在讲出这种怀疑的时候，他不知不觉地把信仰的实质以一个纯粹虚构之观念取代，后者一点也不符合信友之最深刻而无法否认之经验。

当我向我的对话者说："你以为看到某一个人，可是我认为你错了，因为那边并没有什么人"时，他和我，我们两个人都站在客观经验的层面，这是一个本质上能求证，能受到非人位的，或更好地说是失去人性之控制的层面。我之断言的价值取决于有否保证别人之信仰不符合实在事物之方法。换言之，取决于有否下面一种条件：某一位心智正常而具有完备和健康的感官和判断力的观察员，能取我们之位而代之，并且为我们仲裁。可是，我们轻易地可以看到，这种取代是完全不可思议的，连想象都不可能。

反省一下就可知道，实际上这一类的取代只能在某一种精神平面上发生；在那里个体已将自己特殊化，那是说为了某些实用目的暂时把自己化约到部分，把自己局部化。举个例子来说明一下。譬如我很可以向一个有比我更好的视觉者说："请你到我的位置上来，告诉我你能不能看到某样东西。"或向另一位对味觉更敏感的朋友说："请你尝一尝这个东西，再告诉我它的味道好吗？"即使在更复杂的情况之中，然而这些情况并不要求我之整体，只要求我人格的若干成分者，即我所谓的可以标准化之成分（les éléments normalisables），我还能向另一位说："如果你处在我的地位上，你要怎么做？"但是在一些要求我整个人投身其中的处境里，取代的事实绝对不可能发生。没有任何人可站到"我的位置"上。而如果信仰愈是真实（当然不指已变质或机械化的信仰），它愈从人的整个存有中流泻出来，也要求整个人投身其中。

此外，我们还须注意：信仰的对象绝不以为分辨一个经验层次的人物所需要的特征来显示自己。他无法以经验的形式被我们想象，因为他完全操纵并且超越经验。如果从某些角度来说，我会把他视为外在于我的存在，然而我的良知层面，他更深刻地向我显出他是内在于我的，甚至比我对我自己更内在——这个在向他呼吁，并且是我在以肯定的方式来叙述他的我。换言之，"外在"与"内在"的区分，就在信仰出现之刻，完全消失了。这是那么重要的一个观点，却被一切宗教心理学忽略掉，因为后者把信仰看成一种心态，看成一种纯粹内在的事件。这里牵涉一连串的讨论，我现在不能仔细介绍。但是如果我们一定要使用一个譬喻来解释的话，我要说："有信仰的人感到他自己已进入一个实在界之内部，后者同时将他包围和通透。"

从这个新观点来看问题的话，怀疑主义的态度就要失去它的一切意义。如果有人说："或许在你相信有某某人存在的地方根本没有什么人。"这是至少以观念的方式参考一种有纠正作用的经验，这种经验本质上要把问题的要点排在它的外面，因为信仰之对象就在于超越一切包含在经验中之条件。我们终于必须承认，信仰愈以它的纯粹面目呈显出来，它就愈占怀疑主义的上风，后者能质问信仰之价值，只因为它一开始就弯曲了信仰的真象。我们还能说，怀疑主义一直想把"信"和"不信"处理成两种水火不相容的态度。在这两种态度之中存有一种可把两种"或许"连在一起之相互关系。就因如此，怀疑主义没有了解他们之间的不可共量性（incommensurabilité）。只说"信者的世界与不信者之世界并不相同"还不够，我们尚应了解前者从各个角度从后者溢出并且把后者整合在自身，就像有视觉者的世界溢出盲人的世界，并把后者整合在自己之内一样。

不信是一种拒绝

还有一些事，其重要性并不少。当某个人的灵愈接近信仰，愈体验到信仰之对象的超越性，他就愈会清楚地了解自己完全无法产生这个信仰，无法从自己的生命深处抽出信仰来。因为他愈来愈清晰地体认自己的软弱无能，终于有了一个发现：信仰只能是一种彻底的附和（une adhésion），更准确地说，是一种回答。向什么附和，向谁回答呢？这是很难回答的问题；向一个虽不明显而能完全充满他生命的静默邀请回答；换一句话说，那个"邀请"的确向他施加过压力，但并不能勉强他接受。因为这种压力并不是不能抗拒的。如果它是不能抗拒的话，信仰就不再真是信仰了。信仰之可能只在一个享受自由的人身上发生，那是说，他具有拒绝邀请之神秘而可怕的力量。

如此一来，我在开始时提出的问题现出了新面目：从信仰的角度，从有信仰者的角度看，无信仰之现象终于现出它的真面目来了，它是一种程度不同之拒绝。一般说来，最常见的拒绝是不专心（l'inattention），无法聆听生命深处的呼声或召唤。值得我们注意的是，乃是现代生活有助长这种不专心之势，甚至几乎把它强加于我们身上，就在于它能使人非人化，把人与其中心之关系割断，把人化约成互不交通之一堆功能。我们还应当指出：在上述已功能化之人身上如果尚存什么信仰的话，那是一种趋向于腐化的信仰；对局外人说，这只是墨守成规而已。不信仰者在观察这种情形中找到了自己不信之借口，虽然他们借口之依据只是误解而已。

实际上，这种不专心或分心是一种在任何时刻可以苏醒的昏睡。或许这样一个分心者遇到一位反射真正信仰的人就足以醒悟过来。这种信仰是一道使有者通体发亮的光。我是给予邂逅极高估价者之一。在邂逅内有一种不为传统哲学所知之基本精神资料。我非常明白其中理由，但不必在这里赘述。这一类的邂逅能使分心者开始反省，使他回到自己："事实上，我之不信究竟可靠不可靠呢？"当他以最诚实的心境向自己询问这个问题时，他已经开始受益了，因为他在开始抛弃一切令他困扰的成见及毫无生气的影像，为了使他能体认（非为信），他没有肯定自己不信之资格。更精确地说，在此时此刻如果还会出现一种不信之肯定，那几乎无可避免地染上骄傲的色彩，任何一种纯粹而精密的反省都能揭发出这种情况来。"我不相信"不会再以"我不能相信"之面貌出现，而终于要变成"我不愿相信"之形式。

英雄主义本身有没有价值?

对这最后一个观点,马尔罗(André Malraux)的精神处境能被视为具有特殊意义,甚至可说是一种典型。他对这个世界所抱的绝对悲观态度因下列一种观念而变本加厉。此观念(或许源自尼采的思想),认为重要的问题不在于人的可怜,而在于人的伟大;不在于他不需要帮助,而在于他让自己不需要外力支援,但是他甚至不应该期望支持。马尔罗认为只有当人充分地领会到自己的悲剧性处境——只这处境能使英雄主义得以实现——时,他才能达到人之为人的阶段。我们现在是站在一个斜坡的尖峰顶端,它把我们这个时代某些杰出勇士区分开来。然而我们立刻注意有些事物能扰乱人心。认为英雄主义本身有价值究竟指什么呢?我明显地看到这个价值与寻求它者的喜出望外(exaltation)和主观情绪是密不可分的。因此我们不再有客观和合法的理由把英雄主义之喜出望外放在其他的喜出望外形式(如性欲的亢进)之上。这种排列法只在参考另一种与英雄主义观念毫不相关的次序——如社会之实用主义——之后才能行得通。然而当我们一把自己置身于这一地区时，我们就会与原来出发点尼采的看法有了冲突。按照尼采的逻辑，社会的实利只是偶像而已，我要加一句说，只是最低范畴的偶像而已。我也乐意承认在马尔罗所著《人的境遇》（la *Condition humaine*）一书中有两三处出现了爱德（la charité）的叙述，然而它简直像来自另一星球的声音。我认为只在用一种乖巧的手法之下我们才能把英雄主义和仁爱两种水火不兼容的事实连在一起。唯一的例外是殉道者的英雄主义。我是以狭义的意味去了解此字的，那是说"见证人"（témoin）。然而在一个绕着"拒绝"打转的哲学中不可能有作证的余地，因为作证牵涉的对象是在虔诚朝拜之更高实在界中所体认的。

作证观念之贬抑

像其他许多重要观念一样，作证这一个观念也遭受到了真正的贬抑。当我们一听到这个名词时，我们就会想被法庭传唤作证，因为在某一事件发生的时候，我是在场的人之一。这种联想会使我们把自己看成一架录音机，而把作证看成播放由这架录音机提供的数据。因而我们就忘掉了在作证内包含的要素。所谓要素即指证明。那么作证究竟是怎么一回事呢？作证并不只是提供证据，也并不只是肯定什么。在作证的当口，我把自己束缚起来，然而我这样做完全出于自由，因为任何在强制情形下所作的见证实在毫无价值，并且是自相矛盾的。以此义视之，作证在必需性和自由之间实现了一个最密切最神秘的结合。人能做的行为之中没有一个更比这个具有人性的价值。在作证的基础上，我们体认到有某种资料，可是同时发现有另一种完全不相同的东西。在作证之时，我事实上在宣布：如果有一天我否认这事实，这个我为其证人的实况，我将否认我自己，我将抹杀我自己。这一类的否认，就像错误、矛盾和出卖的行为一样，当然是可以发生的；它实际上是出卖。我们不能不看到同一的作证，却有程度深浅的不同。当作证的对象变成无形事物时，那是说，对之我们不再有一般感觉经验与件提供之直接、粗重而不可反抗的证据时，此对象之精神价值便愈见增高。这是一个不可能有太多强调的似非实是的情形。宗教信仰所作证的对象是超越一切的实在事物，然而这些实在事物又绝对地需要那么卑微无能的信徒来为自己作证。我们似乎找不到更好的例子来说明在信仰之中心存在着的这种无法理解，或更准确地说，超理性层次的两极性（polarité）。

信仰与见证

　　确然，如果我们稍稍参考一下"信实"这个中介观念，那么信仰与见证之间的密切关系就更明显了。信仰就其本身而言，不是灵魂的冲动，不是狂喜与狂热；信仰是永不间断之作证也。此处我们仍应该回过身来看一下无宗教信仰者的反应。这些人不可抗拒地一而再要中止我们的言词，向我们提出同样的质询："对那些只忍受过不公道，各式各类痛苦和虐待的人（他能也只能为这些事实作证），你做些什么呢？他们又如何能为一更高的实在界作证呢？"这种压住我们脚背的石头还是"恶"的问题。我已经部分地对这问题作了解答，但我很愿意清楚地指出来，最伟大的证人都不是从这世界中最幸福的一群人中招募来的，而是从受苦的和遭迫害的人中征得。如果人类的精神经验提供给我们一个确切的结论，那便是：阻碍信仰发展最大的因素不是不幸，而是满足。在满足和死亡之间有亲缘关系。在任何领域之中，尤其在精神领域中，一个满足者，即一个自称他有一切所需之人已在向枯萎前进。我们常从满足开始产生对生命的厌烦。这种隐秘的感觉，我们在生命之某些片刻中都曾有过体验，这是精神败坏之最巧妙的方式之一。以上所谈的看法自然不愿主张：一个有关作证和信仰的哲学理所当然地该是一种伦理学上的受苦主义（un dolorisme moral）。因为这里具有与"满足"天渊之别的东西，这不是焦虑，而是喜乐。外教人对基督信仰狂加批评者均未料到这一点，他们都不了解在信、望与喜乐之间有密切的联系；一个为其信仰而作证的心灵也常喜乐洋溢。我们应当重提柏格森先生对"封闭"与"开放"所作的精辟区分。所谓的满足只在四墙之内，"封闭"之处有其感受，而喜乐常在海阔天空中飞扬展放。从其本质看，喜乐常是神采焕发，与光亮极为相似。但是我们不应当让一种空间式的譬喻来混淆视听："开放"与"封闭"之区分只在与信仰有关的领域中才有其价值；更深一层可以说，当它针对的是一个自由的行为，借此行为，人表明他接受与否承认有一更高级之原则存在，此原则在每时每刻不断将他再造，不断使其存在，也借此同一行为，人对一内在而超越之力量任其长驱直入，在此以外，他只是无。

第三编　伍斯特论虔心

伍斯特写道:"在名谓'惊讶'的原始情愫中,我们才能给哲学的真正开始奠基。"① 诚然,现代哲学思想从一开始就相信能用方法怀疑来取代惊讶,把前者看成一切推理的绝对出发点。然而这个现象已经明显地指出基本的形上关系已在此时期被破坏掉了。怀疑,说真的,只能是哲学思考的"第二步骤"(un *a priori second*),如果我能如此说。这是一种反应的现象,是一种反跳 (une sorte de choc en retour)。只当我们的内在生命受到一种习惯性的对存有抱不信任的态度影响而产生分裂情形时,才会有上述现象。在存有面前信任或不信任,是伍斯特认为一切愿意推理的心智从一开始就应选择的两个方向。这还不够说清楚我要讲的意思,因为我们所谈的对立不只关及形上学者对实在界之理论性问题所提供的答案,并且涉及文化及其一切表达

① 见《精神辩证法》(*Dialektik der Geistes*),第 212 页。

方式。①

自笛卡尔以降，许多有智之士都熟悉的科学化哲学观念，就是不要有任何预设，也因此之故，对平衡的思考方式带来了一阵狂风暴雨。② 以科学的方式来进行哲学思考，难道不是以不人道的方式从心灵深处彻底否认价值之首席地位吗？哲学家企图从研究一开始就忽略究竟是否有一个次序或混乱是否可能之问题。他对这些问题之答案是"是"或"否"完全漠不关心，并且认为这种漠不关心的态度正是哲学家特有的神圣标记。

我们不能不问：这类漠不关心的态度是货真价实的吗？它究竟可能不可能有呢？伍斯特认为把笛卡尔的分析继续推下去，就会发现对自己产生的惊讶情绪比怀疑的心态位于生命更深之处。我的怀疑反映出我对自己偶然性（contingence）的领会，更隐约地说，这怀疑使我感到存有之"中心"或绝对"氛围"对我存有最深的部分所有的秘密吸引力。这个存有固然没有被我掌握住，但被我切身感觉到；在这里，身为受造物之人所能遭遇的形上不安，终能获得安宁之所。这种不安定和不稳定性——本质上与永恒世界不被困扰之休息全然不同——构成伍斯特哲学不断在探索之中心奥秘。我想，在他以外我们无法找到还有别人，比他更坚决地去界定和发现人在他不断勉力冲破与超越之次序中所有的形上处境；另一方面，这个处境也针对一个至高的实在（une

---

① 一听之下，我们通常立刻会有所反应，会提醒伍斯特先生：笛卡尔在他的激情理论中曾给予惊讶一个重要地位；然而他有没有想过要在这个情愫中找到形上境界之插入点（point d'insertion）呢？当我们因惊讶之震撼而体认存有之为存有的时刻，有没有把它看成被存有所包围的区域？如果认为笛卡尔确有如此想法，这未免有些鲁莽。

② 见《精神辩证法》，第213页。

Réalité souveraine），此至高实在虽然从各个角度把人包围，但它绝不对人所享有的相对独立性作丝毫的侵犯。因为此至高实在本身便是自由，并且自由地播散自由的新种。

在幼童的眼波中我们捕住的讶异，把隶属于自然律之昏睡暗幕撕裂开来，讶异使"精神的太阳在我们生命的水平线上升起并闪耀，又将超越普通生命的喜乐和光亮充沛人们的心灵，使人能分辨永恒的世界中一切事物的全幅美景。"①

我们怎么可能不在法国作家克洛岱尔的作品中到处都看到同样的灵感呢？或许它实在应该指导一切真正的天主教知识论。

> 凄悲？我如何能无咎地说：至高神之创作所含者是凄悲之理？是凄悲的么？我如何能无谬地说：与神相似且为祂光荣而在生化世界是凄悲的？它不是比我们更微小，却使我们大部分的想象力空无所凭吗？②

克洛岱尔在这里强调的是傲慢，他和伍斯特一样不断地申斥在怀疑之根处隐含的不敬神的傲慢。他们的思想再一次把由"我思"滋生之科学化哲学所破裂的传统与伟大的前辈哲人串联起来，它提醒一项马里坦在我们这时代大声疾呼的真理：知识本身就是奥秘。唯心论之主要错误或许就在于从原则上假设：认知的行为对自己来说是洞若观火的，事实上并非如此。知识无法自圆其说。当它尝试推敲自己的究竟时，它不能避免地走向两种错误：或把将自己变质的物性譬喻看成合适的表达方式，或把自己

---

① 《精神辩证法》，第 206 页。
② 《缎子鞋》(*Le Soulier de Satin*)，首日，第六景。

看成绝对自足的数据，对其对象来说享有一如此卓绝的优先性，以致我们无法了解，就我们所知，它为何无法以它无限富源创造其对象。

另一方面，当然我们也不能简化一切而满足地说：知识是奥秘也；我们还该加上一句说：它是一个恩惠，或许是一种恩宠。这实在是伍斯特想要表达之知识特性，他称之为一种"自然地有的神恩"特质（un caractère naturellement charismatique）①；然而当认知的过程愈来愈趋向世俗化之刻，它这特质也逐渐隐匿泯灭，而让位给意识。然而在这世俗化过程之终点，必然令理智自我疯狂——同时与信仰与存有的割断关系——把自己看成唯我独尊之开采力（une puissance d'exploitation）。而从世界一方面说，由于"普罗米修斯"式（prométhéenne）作用的结果，使世界失去一切纯真意识给予它之原始性——在纯真意识的阶段（la conscience naïve）知识还未曾与虔诚朝拜神的行为分开呢。

此外我们应当毫不含糊地在这里指出：伍斯特的思想绝对不允别人解释为唯信论（fidéiste）。他本人在其《精神辩证法》(la Dialectique de l'Esprit)②一书中清楚地表示："唯信论者截然不同于类似儿童所有之纯真意识，因为实际上他是一个失望者。"③

可是为什么他要失望呢？正是因为他所具有的可怜的小头脑使他太自负，以致我们可以放心地说：唯信论者是一种堕落的诺斯底主义者，诺斯底主义者一词在这儿自然指那些把认知的

---

① 见《纯真与虔敬》(Naivität und Pietät)，第 184 页。
② 参见《精神辩证法》(la Dialectique de l'Esprit)，尤其参见第 620 页和后面几页。
③ 他说："唯信论者以毫无希望之一跃冲入神祇之无尽黑暗之中。"

重要性高举到绝对程度的人。伍斯特是一个常忠实于自己观点的人。他也秉承了费希特之辩证法，认为良知有一个"魔鬼型"（luciférien）时刻，把极不相同的两种态度——这都是肤浅的反省的成果——紧紧地联系在一起。

　　然而真正的基督徒对这两道深渊均不愿意太接近。我们不应该把为普遍次序作证之信任态度看成一种肤浅的乐观主义，而要识别这是整个实在界对他启发之尊敬所致。虽然至少到某一程度实在界显得似乎是非理性的，然而我们没有资格把存在之为存在归于非理性。"那些以赤子之心把自己委顺于实在界的心灵清楚知道：谁无条件地，且充满希望地把自己掷交于深爱之邀请者，均必得救。此爱总不终止地从其灵魂深处向上直冲。"①

　　从这些话中我们非常明显地看到在伍斯特思想中保留着的柏拉图的"童心"观念。我认为把它与弗洛伊德作品中充斥的骇人听闻的个案作对比是很荒谬的事。固然在一个早熟的孩子身上，我们可以看到猜疑、狡猾和邪恶的迹象，然而以上观念仍具颠扑不破的有效性。因为这是一个具见证价值的观念，或可说有判断性的观念，甚至可说是人类感性的绝对先验（un *a priori* absolu de la sensibilité humaine）。我们本应引用伍斯特分析斯多葛派、斯宾诺莎、叔本华诸大哲之缺陷所写的精辟言论。他的主要看法是说：这些大哲的作品中都缺乏生存之至高而纯洁的喜乐，这是"非悲剧性"之乐观唯心论所有的喜乐。固然在灵阳寺的一些佛教大师身上我们可以看到庄严神圣的气象，他们的双唇上飘浮着安详的微笑，然而他们并没有在存在内的安全感，这种安全感不

---

　　① 《精神辩证法》，第622页。

会受到任何事物的威胁，是由儿童的一片天真和充满欢愉的依赖性交织构成。这些大贤在历史上留下大名，然而他们尚未达到基督赞美的纯真无邪的儿童精神："我实在告诉你们：凡要承受神国的，若不像小孩子，断不能进去。"（《马可福音》，10：15）。"只在上述条件之下，智者才能达到最高智慧；不论他在人类知识泉源中如何酣饮过，或他的心灵曾在这世界之苦爵中深深浸透过，这些知识和经历都不能把他导入最高智慧的境界。"①

然而很可能有人要问究竟为什么这些斯多葛智士和佛教大师不能返老为童呢？伍斯特回答说阻碍他们返老为童的原因是因为他们不再与至高精神（即神）维持子女性的关系，而只有这种关系能够使人在一切事物之最后奥秘前保持儿童的心态。另一方面，当把宇宙最高原则非人位化（dépersonnalise）之自然主义得逞的时候，上述的儿女精神也会消失无迹，因为自然主义者认为必要性（la nécessité）只能以命运或盲目的机会出现。被这种观念重压的人绝不可能再次寻获纯洁的信赖和如醉的欢愉。他不可能再投入一种形而上的乐观主义中去。因为在这种形而上的乐观主义中，生命清晨呈显的纯真与大智大圣的质朴水乳交融。这些大圣大贤历尽人世百般经验，而在航行的末了终于回到儿童的幸福境界之中，好像回到人类良知的失乐园中一样。②

在这里，或许有人会很合理地问我们：这个失乐园是否可以真正重新获得呢？我们如何想象获得几乎无法经验到的生命境界呢？伍斯特之回答，其实我们早已看过，主要在于肯定有一个次

---

① 见《纯真与虔敬》（Naivität und Pietät），第110页。
② 很明显伍斯特承认有精神丧亡（la Chute）的事实（见《精神辩证法》，第311页），但这与此处讨论的深度乐观主义并无冲突。

序和爱的活泼原则 [一个"那个"(un Cela, un *Es*）与"我"(au Moi, un *Ich*）的对立者]，此原则在我们存有之深底处继续不断地在作用着，为此"自我"形上学绝不可能把他缠在其存有之根的韧带完全割断。如果我没有误解他的思想，因上述情况，人到最后还能有这个决定性的皈依："自我"抛弃能导致死亡的普罗米修斯式骄傲，又避免陷入有毁灭性之不可知论者的悲观主义深渊之中，终于承认大智若愚之事实（*docta ignorantia*），这是尼可拉·古萨（Nicolas de Cuse）在近代门坎所设法确定的观念。然而我们不应当把它误解成导向某种唯信论的精神自杀，而应看成是一种以谦诚之心乐意地接受至高上智所加于人类理性之限制的态度。

或许在这里我可以提醒大家：19 世纪下半叶在西方流行而今日不少"受过实证科学洗礼的"知识分子仍然接受的关于"不可知者"(l'inconnaissable）的理论，只能算是上述观念之极贫乏的漫画手法，因为这个观念要比这些理论更富智慧，它建立在对人的"中间"性质（la nature *intermédiaire*）之基础上。忽略了这个事实，我们就会冒险地进入一种充满自负的形上学里去。除了一个小圈子内的人物还不断与知识和灵修之永恒源流保持接触以外，西方两个半世纪以来在存有哲学上发生的破产现象愈来愈被大众体验，甚至在与纯粹推理毫无关系的学术范围之中。伍斯特很合理地把这种情况归罪于愈来愈不自觉之根深柢固的自傲心态。然而对我来说，我愿意强调说当代人绝对拒绝为把存有与价值相连所作的一切努力。这种态度必然导致人走向甚至否认实在界本身，因为把存有贬值就会把存有处死，把存有化成一个很能被唯心论评为纯属臆测之抽象残余，可以放心地将之用毛笔一挥涂去而不致构成任何损失。

正因如此，我们可以剖析伍斯特对"虔敬"之观念（la notion de piété）所作出的有建设性的批判。这实在是一个充满活力的观念，并且凡是深深反省过自己内心经验的人都煞费苦心地把它发挥过。可是对当代的哲学家，尤其在法国，除了两三个例外，这个观念似乎最多只能使研究"行为"的专家发生兴趣。伍斯特在这一点也和其他许多观点一样都深受过舍勒的影响，彻底地了解把虔敬看成态度（attitude）或心理状态（état）是最危险不过的事。相反，我们最好在虔敬上看到灵魂与它的周围或与它自己之间所具有的真实关系。或许借着这条迂回的思路我们终于能寻回宗教之基本意义——这意义往往已被大家遗忘了——即宗教是一个"联系"。

伍斯特认为在心灵的"纯真"（la naïveté）和"虔敬"之间有紧密的关系，一方面都是心灵的"习惯"（habitus de l'âme），另一方面都具有惊讶和崇敬的基本情愫。此两者之间的关系颇近于亚里士多德形上学中潜能与实现的关系。这只是说：若心灵面临宇宙间普遍和谐而陶醉其中之崇敬感觉，必先假定此心灵事先已为获得此种和谐感调配好了。伍斯特引证了歌德的一段话，歌德把虔敬看成一种处于对自我能作直接反省范围以外之原始美德（d'une vertu originelle, Erbtugend）。伍斯特所称"纯真"（Naivität）和虔敬之间有的区别，只是实现程度之分而已。顺着意志进展的方向，"虔敬"延长和充实人类精神原有的纯朴性，他列举了自席勒（Schiller）以降的不少先驱。

然而在虔敬的内部，我们还可以分别出一些不同的补充层面或方位。就在于虔敬有联系作用，它能把凝聚力（cohésion）之普遍原则提到更高层次——这个原则统治整个自然界，并且符合克洛岱尔所称的万物之有同生关系（la co-naissance）的事物。然而这同一个凝聚力就在于它有结合和累积作用，具有自我肯定的能力；不然的话，它会自毁而消失无踪，因此凝聚力不只使事物接近，并且让一些距离继续维持原状。我们终于找到了要讨论之次序中的特点："在人向自己表示的虔敬方式中，有一种虔敬，其特点即'保持距离'。另一方面，我们向一些与我们有同样性质，与我们缔结精神化交谊的存有表示的虔敬。"① 甚至有另一种虔敬，其对象指向低于人之存有物。但是虔敬所及最高等级是当它指向造物者之时刻，因为这是汇合缔结一切个体之线索的绝对中心。

伍斯特竭力强调对自己而发之虔诚的重要性。他说："在我们心灵深处所捕获的是爱的大律（la grande loi d'amour），因为我们是这么一个存有，接受过如此这般一个形式，并且在创造的次序中占有如此一个席位。一旦我们捕获了这条大律，我们就觉得不能不竭尽我们的全力来把它加以肯定。我们心灵之真正幸福就在于绝不反抗来自我们心灵深处之几乎听闻不到的召唤。"②

我再一次在这里体会到被大部分世俗化的哲学家忽略的基本真理。在这里我们很明显地可以分出来两种形式之爱，其一本质上是精神性的，并且我可以说有神秘主义（mystique）的维度，另一则为自私；其实这第二种爱只是生存意志和保存生命之本能的延长。毫无疑问的，对自己引发之"虔敬"是以这种本能为前提的。然而它有其他特点，它要保护自己不受骄傲的蛊惑——这

① 《纯真与虔敬》，第 128 页。
② 《纯真与虔敬》，第 129 页。

是自我肯定的行为屡次会引起的冲动。伍斯特写得精妙绝伦：

> 虔敬的心态有其特殊的目的，即在自己内心对具有形上深度的生命临在保持宗教性的尊敬。因为我之内心存在是上帝亲自建立的圣灵神殿，一个卓绝的内心宇宙。在这个内心宇宙之中也有万有引力，然而比外在宇宙借其无限机械功能显示出的引力更为奇妙。它是一个至圣所（un saint des saints），虽然它属于我们——因为它是我的一部分——但我们不能不在进入时感到宗教性的神秘畏惧。我们无法在这至圣所内长驱直入，走到常燃神圣奥秘之灯的祭台前。固然我们可以说是被交于我们自己保管的，那是说我们对自己享有一种相对的属己性（aséité relative）；然而我们之受委托保管我们自己就像一个永恒的大主在他的工作坊里完成了一件艺术品后托我们保管一样。我们并非是这个杰作的作者，因此我们之属于自己只能仿佛用托交给我们一笔异常珍贵之遗产的方式去使用。①

我们不必在这假比喻上停留太久，因为至少从法文译文上看，它显得夸张了一些。但这个比喻之含义倒不应该被我们忽略。没有信仰的哲学家由于已经失去这个观念，所以会责怪信徒们为寻找自己得救所做之努力是自私的行为。他们没有觉察到：基督教不只忍受，并且规定信徒应当具有的自爱不是别的，就是要求我把我的"生命"紧密地和交于我手并在末日与我该交账

---

① 《纯真与虔敬》，第 132—133 页。

之"灵魂"结合在一起。我们能不能用伍斯特不同之言语说：今日之非基督徒哲学家不知不觉中已经离开这个重要原则极远极远了；正因如此，他们把"我之为我"与"我之生命"混淆。结果他们必然宣称说：所谓"灵魂"只是我生命之一种比较精细的表达方式，也是我生命开的花，结的果；因此没有人可以说有什么人把灵魂赐给了我，因为它实实在在的就是我。如果我们接受这个具破坏性的假设——其根源可追溯至 19 世纪流行之某种生物学思想——那么所谓的爱自己，或对自己具有的仁爱（la charité envers soi-même）将被视为生命本能之延长而已了。

　　然而我相信如果有人如此认为，则他必然地会看不到真正的精神生命对我们所作的最严格的要求。伍斯特在讨论这些问题时用了一个绝妙而无法翻译的文词 Distanzierung，为说明我并不与我自己站在同一水平面上，因此在我内心最深处存在着的东西并不属于我。他说："对自己保存的虔敬心态就像一层把我包围起来的脆弱薄膜。如果你不愿意把自己的灵魂暴露到最严重的危险中去，你就千万不能让这薄膜遭受任何袭击。"[①] 相关的内心情绪尚有矜持（la retenue）、机智（le tact）和自尊——这与人性尊严之最高形式一拍即合。然而在这种感受和害人的傲慢之间——傲慢出于过分强调个人的独立性——只有一条极难为人细察的分界线。但两者确有区别，因为自尊指向在我灵深处之价值，把后者看成上天的委托品似的，而时时刻刻保护它，使它不受到暴力的威胁和亵渎。

　　明眼的读者都会见到，伍斯特在这里直截了当地反驳下列论

---

① 《纯真与虔敬》，第 133 页。

点。持此论点者认为自尊是以自我中心的形式主义来界定的，这种主义高扬绝对自由的原则，却把能使自由落实的精神内容完全挖空。然而事实上，自我凭着这些同样价值的名——它原可说是这些价值的受委托者和守护者——觉得应当保护自己，抵抗一切侵犯，因为常有一些缺乏虔敬感的陌生人士要不遗余力地对有虔敬感者进行破坏活动。

　　如果情形真是这样，我们必会同意说：当代的单子论者的见解忽略了一项重要真理。今天，一般大众不加分辨地一致同意下列看法，即由于缺乏某种因素，我们无法深深地进入别人的精神生命之中。实际上我们应当看到这种无能只是我们要求成为自由人之人性尊严的赎价。"我们的灵魂在它最深的地方是一个秘密。我们应当到某一个程度以虔诚之心保护灵魂之亲密性，对自己的尊重心理禁止我们冒失地把我们灵魂神殿的帷幕揭开。这种行为实在是亵渎行为，对人的廉耻作了不可赦免的一次攻击。"[①]

　　或许我们现在有比伍斯特本人更有利的机会来考察：究竟为什么一切自然主义对廉耻的解释，不论它们建立在哪种社会观或生命观上，都无法避免不周全的地方。在我刚才引用的一段文章中所表达的廉耻是纯粹精神性的，是属于灵魂的；它只能以个体性（individuality）宛若自己受托保管的东西之角度来解释。这种看法完全不受当代世界教我们应用或设法满足我们的范畴的束缚。而奇怪的是我们当代最活跃但彼此对立之思想列强在反对这一种廉耻观上居然握手言和，协力攻讦。对于这种奇特的联盟，我们满可以停留一下来观察其究竟。

────────

①《纯真与虔敬》，第136页。

　　不单出自社会学之迫切（un impératif）观念要求我辈分享精神财富使人人均能各取所需——这里我们可以见到他们把无形的财富转变成可以割分的物质，这类哲学把精神界的事物与可以通传的事物（le communicable）混同——而且从另一个地平线冒起的一种呼唤，要求人们表现真实（尼采当为其首），禁止我们在自己和自己的灵魂之间放下帷幕，为了不使伪善（l'hypocrisie）的现象在幕后滋生。我认为这里有一个问题，其严重性似乎不曾受到伍斯特的注意。这就是我刚才使用过的"灵魂"一词，它听起来完全不像尼采的语调。我认为要使这个名词具有丰富的意义，我们必须能保全与自己具有的亲密关系。我更愿意以下的说法："灵魂"这个名词并不与概念，而与某种音乐性的意识连接在一起；这种音乐意识体会到在乐队内最活跃的部分与作陪衬的最低沉部分之间存在着一种扣人心弦而且断断续续的对话，后者之重要性不断在改变中，甚至消失在意识的地平线之下。另一方面，如果我们在这里引进"无意识"（l'inconscient）的观念，我们更会怅然若失。

　　"无意识"，甚至"潜意识"（le subconscient），在这个领域之内都无故技可施。我们也相当清楚地知道威廉·詹姆斯的弟子们之不智之举引起什么不良后果。这里我只愿意提出两点：首先，我认为要谈灵魂的问题必须先假定在精神次序中有个调和全体的因素，就像一首交响曲有总乐谱一样，其次，我们心性求真的要求一定会反对高低级排列的次序，因为这种排列与成见偏好分不开，在真理之光照耀之下必会显得一无是处。然而问题的关键乃是要知道是否这个批判是因为混淆了两个实际上不能相互化约之次序而来的。能不能说把人的内心生命陈列展览就是把它的特点，它的内在性摧残了？就像如果我们把一个花冠展列在花的其他部分之侧，我们就不单破坏了花冠，而且也把这朵花毁坏了。

我们不能否认巨大的困难尚未获得解决，因为要建立一种只为个人有效之体系是非常危险的企图。我认为解决难题的良策在于对"心灵透明"（transparence）和"纯洁"（pureté）两个概念作更深入的探讨。然而我们先应该作个明确的分辨。今天有一些人史无前例地作如下的冒失行为，他们把纯粹在灵魂表面进行的形式化的清洁工作（因为对灵魂的内在结构和生命不感兴趣），与制约活动的生存方式看成同一回事，就像给一件乐器调音一般。我想随着这条思路我们就能体认到，如果不只从形式角度，而更从人性角度来看"纯洁"这个问题时，我们就会看到除非借助那些为许多人相信已经一劳永逸地被废弃了的本体范畴（categories ontologiques），否则我们必会一筹莫展。在今日相当流行之某种艺术哲学，或许也可说生活哲学中之"纯洁"观念有一个特色：它把形式与内容完全分开。然而只要我们参考一下伍斯特之见证观念（l'ldee-temoin），就会领会两者的见解迥然不同。因为伍斯特认为当我们察看幼童的"纯洁"时，我们一定会否认形式可以与内容分开。如此，我们除了主张所谓的纯洁有神秘主义的特征（le caractère mythique）以外，别无其他长法来加以形容；而心理分析之"发现"再变本加厉地支持上述的否认态度，使人无法再乐观起来，然而我们不能不问：这些所谓客观性的研究会不会从一开始就受到一种伪叔本华主义的教条的影响——当然这是无神的——并且不断地受它控制。假定有人把问题简单化，同意把这种心灵的纯洁归诿到某种相当愚蠢的成见上，并把它看为成人在诗情画意中所发的幻想，我们应该问这种批评是否能适用到一个圣善的灵魂上去，这位圣贤由于长久经历考验已经达到一个境界，如果不能说已征服了在"感觉"层面那种或许无法抵达的纯洁，至少达到了在"意愿"的层面，或更宝贵地在"注视"层面的纯洁。这里我们清楚地看到，批评者试图攻击的是"苦行禁欲"和"修炼精进"（d'ascèse et de perfectionnement），对他们好像一切在自身所做的功夫或改革都是虚伪，都是哄骗人的勾当。如果我们更深入反省一下的话，我们会看到这种申斥实在毫无道理，因为他们主张的诚实本身也要求人有内心的修炼，它要求人不要随着本性的摆布而盲目地随意冲动。

在法国猖獗近十年的"诚挚"（la sincérité）概念，对我而言，不具任何真实价值，因为它本质上是一种武器，虽然它自己并不承认，它表面上显出来的大公无私（désintéressement）实际上只是它无法压抑之期望消极自辩的外衣。如果情形是这样，我们就不会轻易地相信在诚实和纯洁之间具有不稳定，甚至不明智的联盟，而这一点倒是今日许多人认为理所当然的事实。当诚挚导致对自己的轻率失态（indiscretion）的程度时（伍斯特很合理地申斥过这一点），它就会毫不隐蔽地转过身来反对那唯一具有真实的精神价值的纯洁。当然这不是说，就像我以前提到过的，纯洁在一种非常小心地保存的昏暗中滋长繁荣。相反地，一些心地异常纯洁的人士散发出能照亮他们自己的光明，我认为这不是纯粹的偶然事件。这些纯洁的心灵由于内外通体透明而在其身体周围形成的"光轮"（l'auréole），对有名有实的形上学家来说，含蕴着永远汲取不尽的丰富教诲。然而这种光亮在精神大师以外破例地被最伟大的艺术家——我认为艺术家在这里远远超过作家 ①——奇妙地，一劳永逸地在他们杰作之高峰中固定下来。这是因为爱，也是生命之光亮，不能与一种有时可以成为魔鬼式之光明（une lucidité démoniaque）截然分别开来，后者能把人诱向最有害的谬误中而不使操作者停止犯这种错误。它固然也是一种能照透最浓厚的黑暗之光，然而它无法驱散窒人的浓雾。

这里我认为决定因素是人的意向，是它使灵魂对自己投射此类或他类的注视。我刚才说有一种魔鬼式的光明，因为在这种情形中，不是对自己所犯的罪，而是对自己的仇恨在起作用；而对自辩的消极需要会把一切不同之处，一切分界线都抹煞，为了证明罪恶并不存在，因为罪就是我，它与我之整个领土重合。

这么一来，我们领会到在人间有一种对诚挚产生的某种贪欲（une concupiscence），它高扬在我身上所有的一切反动力量，它或许是自杀最狡黠（satanique）的一种方式：过度的骄傲在其无边无际的颠倒（une perversion）之中，伪装成极端的谦逊。一个人把自己交付于"知识之魔"（démon de la connaissance），对自己的意志也不加以净化，并且不在事先作过任何内心修炼，一下子就在自己心中，并不充分有意识地，建立起一个非常有害的偶像崇拜，其后果实在不堪设想，因为他"饲养"一种在失望中的满足感，在我们周围可以看到不少属于这类的令人不安的例子。

对诚挚的贪欲、对内在知识的偶像崇拜及对自己贬抑之分析相连的狂妄自傲：这三种都是同义词，都指唯一的坏事；它

---

① 我们在某些时刻不能不问：文学工作本身除了纯抒情体的文学以外是否常以某种程度倾向于反对灵魂之绝对纯洁性；然而这种情形绝不会在音乐或雕塑品中发生。

叫我们看不到爱的宇宙意志（la volonté cosmique d'amour）完全地在他之内和在他之外作用着。我们都知道：对自己所持的虔敬态度不能以一分钟之久与对别人所持的虔敬态度隔离。这里我们就能在虔敬这现象的普遍含义中看到把人，整个大自然和一切精神体的世界不能拆分地合在一起的因素。这是纯粹精神性的凝聚原则，因为是爱的原则，因此不同于借着纯粹的必须性（pure nécessité），而使纯自然现象结合在一起的锁链作用（l'enchaînement）。我觉得伍斯特对虔敬接下去的讨论，显得有些轻率，他甚至把虔敬看成另一次序之"化学"（chimie）的综合原则，在这原则之下产生人与其氛围（milieu）相互间的吸引。此处像别处一样，伍斯特未多加考虑地借用了 20 世纪初德国观念论的言语，因此对别人来说，他似乎很深地陷入泛神论的泥淖中去了，而他本人绝对不愿如此的。然而不论我们发现他所使用的隐喻是多么可疑，我们在他的作品中找到从历史角度来看可能相当恰当的一种关系上的意义，它把具有连贯统一性的公共生活（la vie publique）和在大自然前人有的虔敬心态联结在一起。这种情形可以推到古罗马帝国和中古世纪时代。伍斯特说：当农民和手工业者变成商人和工人，社会关系就会松弛下来，还有当人与土地和事物失去接触之后，他就会逐渐与自己存在之根源切断关系，以致人所创造的文化也会难以保存下来 [①]，他这种说法大体而论能不能说很有理由呢？

农夫由于依赖大自然之事实不能不对大自然表示宽容，而大自然之一切特点对他是那么熟悉，因此他不知不觉地收集了一

①《纯真与虔敬》，第 133 页。

343

大堆宝贵的客观经验，而一点一滴地领受大地的恩赐，就好像领受他的辛劳和忍耐的工钱一样。对他来说，并没有所谓的"大自然被钉到十字架上"（"crucifixion de la nature"）。大自然被钉到十字架上之说法是科技发展时代产生各种不利于大自然现象以后才有的，因为这个时代中操纵大局的是理性和纯粹自私，而在现代发展出来的数学和物理科学倒非常像似被钉者的"伤痕"（stigmate）。有理或无理地，伍斯特把这些科学暗示的态度的最早责任归于康德主义，同样，他把人与大自然间因不能互相尊重和适应，因而人侵犯大自然的责任也归于康德主义。伍斯特认为对自然所有的机械科学（la science mécanique）是技术的暴行。他说：现代人都有该隐（Caïn，亚当之长子）的记号。当人对外在世界失去虔敬的心情时，他们就会在其文化上印有一个魔王路西弗式（luciférien）的记号。

对上述充满激情的控告，我们觉得不太容易鉴定其价值。这种控告看来出自一种有些过时的感伤主义（un sentimentalisme），对这一类情绪话语作什么反应是吃力不讨好的事，因为我们无法看到用什么方式可以重新把自己提升到大自然那里去。在伍斯特所作的异议之中至少有一个似乎缺乏说服力。有人要问：究竟怎样可以从一种过时的神人同形同性论（une interprétation anthropomorphique）的理论角度去重建与大自然间之关系呢？

我们必须回答说：关于这一个论点，现代思想也采用最不确定的形上假设来谋求解决。有些自以为已彻底解脱孔德（Auguste Comte）的意识形态者主张人已从幼稚的阶段进到知识之成人阶段，而今日优秀的知识分子已达到的高阶段的特征便是废弃神人同形同性论。这种心态表现出本时代最古怪的实在论，尤其对内心的成长用最简约的方式加以讨论。他们不但因着对人原始纯真的灵魂所有之积极与无法取代的特点一无所知还引以为荣，也不但把经验当作进入精神奉献（consécration spirituelle）之唯一途径而加以膜拜，而且他们真正相信每一个人所领会的时间是不同的，因为有些人走得更快，那是说——不论讲得对与否——有些人已经迈近终点。然而，叫人吃惊的是看到了一个矛盾，乃是这些人即使在思想中也被人禁止去实现这个"终点"（terminus）。从此，进步不再是接近目的，而被描写成它本身之内在特质。他们又不愿考虑阴影、老迈或僵硬这些反现象，因为他以为自己在一个已非人化（dépersonnalisée）思想的领域中移动，一切与肉体分不开的变化都不予考虑。

然而只要我们接受天主教的神学，相信人是神的肖像的话，我们就不能彻底地排斥神人同形同性论了，因为这种否定的态度能招致精神损害。伍斯特说："在当代哲学家中流行的观点基本上是错误的；他们注视着无垠的机械性太空时，认为人应从宇宙之中心处逐出，因为人只是这个浩瀚整体世界中微不足道之一小点而已。"① 不错，然而能不能更精确地说现代哲学质问"宇宙之中心"这一个观念是否尚有价值？康德以来，宇宙显得并不包含什么可将它尊为中心的成分。但是，这里发生非常奇异的逆转现象：现代思想把这个今后不再能视为实际的中心，以理念中想象的核心来取代。我们甚至可以毫无矛盾地认为：哥白尼革命建立了一个崭新的人类中心主义，它不再把人看成存有，而看成一大束有知识论价值的功能。这是为什么这种人类中心主义不准人想

---

① 《纯真与虔敬》，第 161 页。

事物与人相似，或许对它们根本不作任何想象。"模拟"与"形式"的意义同时消失无踪。最后具体的人也与以上两种东西一起陷入科学的吞噬众生的深渊。因此今天我们可以说有一种新的抉择之可能：或者你选择一种已经非人化的人类中心主义，这是唯心知识论之趋向；或者你选择上帝中心论，这类思想已被中世纪哲学的继承人深深地体会过，但对信仰圈子以外的哲学家只有极浅薄的影响。其实这些无信仰的学者与康德嫡系的思考方式完全脱离关系，拒绝承认在我们的生命中心有本体的需要，然而这种需要倒可能是人的最后秘密，生命只是朦胧而辛劳地在使自己诞生到这个秘密里去而已。

如果我们愿意把握虔敬的心态在精神的安置构成（l'économie spirituelle）中所有的地位，我们就该强调上帝中心论。费希特老早说过："虔敬的心态强迫我们对每一个呈显人的面容者表示尊敬。"然而伍斯特在这里加上一句说：

> 虔敬把全体人类联系在一起，建立一个既是此世而又超越此世界的大联盟，成为一个圣奥古斯丁意义下的"上帝之城"，或上帝之有形与无形的教会，其中一切成员，包括在现世奋勇作战的信友，已去世而尚在忍受淬炼的成员，或已获得永恒胜利的天国子民，都以对天父之孝爱之忱彼此紧紧联合在一起。他们中没有一个例外地都被邀请参加圣灵之永恒晚餐。①

虽然对伍斯特的用语和表达方式我们或许不能满意，但我相

---

① 《纯真与虔敬》，第 151 页。

信我们不能不钦佩他所宣称的内容，因为它们彰显了全面性，而它们的语调是那么纯粹和丰美。尤其它们尽善尽美地刻画出在虔敬的次序中"永恒的你"（le Toi éternel）所具的绝对优先性。他写道："有限的人所有的矛盾就在于他常遭到'我'与'你'在他身上不停冲激而构成的两极性，他勉力要克胜这种情形而尽其可能变成一个纯粹我；另一方面，除非他不断更深地受到存有之普遍你和一切本体团体的吸引，否则他不可能变成如此这般的一个纯粹我。"①

此处我觉得把受费希特启发而产生的术语加以抽象不失为可循之途。这样做只是为了把这些观念内含的具体而深刻的意义更凸显出来。

伍斯特认为：如果有人以为把我们自己逐步与我们周围最密切的特殊团体割分，就能更把握自己，了解自己，这种想法完全由一种源自傲慢的幻想所致。随着滕尼斯（Ferdinand Tönnies）的步伐，伍斯特也要驱散我们当代社会学派怂恿而产生的混淆，要我们清楚区别"共融体"（communauté）和"社会"（société）的不同。滕尼斯把"共融体"看成一种建立在亲系和爱情上的联合，它的成员以有机的方式紧密地交织在一起。然而"社会"不是这样的，它建立在毫无爱情之纯粹理性上，其中成员所关心的只是私人的利益。滕尼斯所持的悲观的文化哲学使他无法从以上的区别中抽取一切后果，甚至他无法精确地解释它。或许它那么重视"血亲关系"已是不智之举。只在人能维护他存在的基本联系，只在他能肯定他之已是爱而又对爱有自然倾向的力量（此力

____
① 《纯真与虔敬》，第139页。

量能深深透入他的灵魂的深处）时，才能有真正的共融体出现。我可说这种真正的共融体之出现要求一种特殊的气氛，这是一种有临在感的气氛。伍斯特用很突出的比喻来说明这种气氛。他说他好像是一个永远不需要再充电的蓄电池，或像能把"构成我们人格自主的机体内含有的精神永恒力"从生命深处向上提升的抽水机一样。然而，虽然他有时似乎看来如此，实际上他从不宽容强调无人位心智（l'esprit impersonnel）之形上学，并指出他的危险性，叫大家提高警惕。他在我很愿意完全引证之一页上甚至拒绝承认有所谓"在上帝内之本性"（nature en Dieu），这种看法在某些有神的哲学中还保存着，如20世纪的谢林或许便是一例；这种看法恰好是那些哲学家愿意一劳永逸地破除之错误的残余。"本性"一词在这儿当然不能解释成"本质"：因为"若以此义来看，神当然也有一个本性，由于一切存在都拥有，并且应当拥有一个本质"。问题的关键在于知道是否在"绝对精神"的实在内，有一个超—人位的区域（une zone trans-personnelle）。因此也是"无人位"（impersonnel）①之地带；人的活动就由此地自然地出发，它作用的方式就像支配大自然之盲目原则一样。用别的话说，斯宾诺莎的思想是否可以被看成合适的存有论吗？伍斯特用一种令人联想到雷诺维耶（Charles Renouvier）的术语说：持有上述看法的人实在不了解"位格"（la personne）的原则与"事物"（la chose）的原则之间所有的不同，前者应该享有绝对的优先性。我们无法设想在上帝之内有一个不算太大的区域受不到出自绝对位格的唯一之光所照耀。道（Le Logos）对神位（la personne

①《纯真与虔敬》，第34页。

divine）之精神性并不陌生，这两者密切结合而绝对不会分开。

在神内之爱的深渊绝不能被我们看成一个非理性的本性，好像是在神之内的不可化约之第二原则：

> 只为了我们的好处，永恒的创造者的爱决定了叫祂从自己的无限幸福中走向外面，显得像似一个不合理的原则（un principe irrationnel），因为祂取了一个非人位的外形，并且使人觉得远离神祇；然而事实上，祂给我们揭开的只是祂纯粹本质中崭新的一面，为了向我们启示神的绝对位格所具的精神性，这是出于祂的自由意愿和行动。①

如果实在情形是如此，我们就能了解为什么人的一切有限性的精神活动，只要一转向积极面，那是说转向次序中去，就显出不能不是在爱中奠基的，我们在这里所碰及的不是回声，而是回答，这是神的永恒的爱在某一个人身上激发的既是模糊而又不可抗拒之回答。伍斯特在强调爱比次序更重要时，他完全摒弃对人的理智进行膜拜的可能性，这类理智所创造出的永恒真理限制我们对信仰的肯定，并且剥夺后者内含的一切积极价值。我们还应指出：伍斯特在发挥他的理论时，完全凭借圣奥古斯丁的思想，取用后者的出名公式："在神内爱一切事物（omnia amare in Deo）。"就在这条公式的焦点上，我们看到他对虔敬心态所发表的一切意见均能汇聚起来。此外，我们也能非常清楚地看到一项非常重要的事，即对自己保持的敬重实际上只是对上帝

---

① 《纯真与虔敬》，第 163 页。

有之敬畏态度的一种模式而已。只有当这种心态非法地与更高级的崇敬脱离，并把其活动范围折入纯内在的"区域"(la "zone d'immanence")，那是说，折入最大伪诈的自治时，上述的虔敬心态就会退化成自私，或变成引人犯错误的普遍原则。

非常明显地我们可看到：伍斯特设法叫读者进行的乃是一种精神性的完全"重建"(un "rétablissement" spirituel complet)，这种重建工作包括人的整体，理智和意志。我相信我们可以不轻率地说：伍斯特本人在生命末期已以一种纯粹的英雄式的努力达到了这个境界。我指出的不是在他《精神辩证法》一书之末所提的"理智之牺牲"，那是一种类似失望的精神委弃。我认为他所要求于我们者乃放弃绝对的诺斯底主义的要求，也因此而放弃向往找到一个能展现成一个有机整体的最后终极的知识，因为它与存有之基本特征不能并存。我觉得伍斯特对当代思想所作的最大贡献就在于他能领会谦逊之形上价值。

同时我们可以看到一个相关的观念：骄傲使人"无明"。这个观念是人类智慧总汇的一部分。多少年来它尘封在地下而被人遗忘，或许它的丰富内涵已荡然无存。然而如果有人愿意费心做一个工作，即把这种有关个人道德的论调适用到非人性化的思想的范围里去的话，他可能会很惊讶地发现有一些新的视野突然地在他内心境界中拓展开来。

还应该说一次，放在我们面前的具重建性的思想批判工作是异常艰巨的，因为那种摆脱一切束缚之思想也有不少预设，我们应当深入探讨。这样我们必会看到这种思想把精神之一切属性和本体能力都剥夺了，但又把他们（持这种思想者）以为已被自己推翻之"唯一者"(Celui)之最可怕的特征赠与它。

延伸阅读

马赛尔著作

哲 学

Gabriel Marcel-Gaston Fessard: Correspondance (1934—1971), Paris: Beauchesne, 1985.

Vocabulaire philosophique de Gabriel Marcel, Paris: Cerf, 1985.

L'existence et la liberté humaine chez Jean-Paul Sartre, Paris: J. Vrin, 1981.

Percées vers un ailleurs, Paris: Fayard, 1973.

En chemin, vers quel éveil, Paris: Gallimard, 1971.

Coleridge et Schelling, Paris: Aubier, 1971.

Être et avoir, Paris: Aubier, 1968 (La première édition: Aubier, 1935).

Pour une sagesse tragique et son au-delà, Paris: Plon, 1968.

Entretiens Paul Ricœur-Gabriel Marcel, Paris: Aubier, 1968

Paix sur la terre-Deux discours. Une tragédie, Paris: Aubier, 1965.

La dignité humaine et ses assises existentielles, Paris: Aubier, 1964.

Regards sur le théâtre de Claudel, Paris: Beauchesne, 1964.

Le mystère de l'être, vol.I, Réflexion et mystère, Paris: Aubier, 1963. vol.II, *Foi et réalité*, 1964.

Fragments philosophiques, 1909—1914, Paris et Louvain: Nauwelaerts, 1961.

Présence et immortalité, Paris: Flammarion, 1959.

L'Heure théâtrale de Giraudoux à Jean-Paul Sartre, Paris: Plon, 1959.

The Philosophy of Existentialism, N.Y.: The Citadel Press, 1956.

L'homme problématique, Paris: Aubier, 1955.

Le déclin de la sagesse, Paris: Plon, 1954.

Les hommes contre l'humain, Paris: La Colombe, 1951.

Position et approches concrètes du mystère ontologique, Paris: Vrin, 1949.

La métaphysique de Royce, Paris: Aubier, 1945.

Homo viator: Prolégomènes â une métaphysique de l'espérance, Paris: Aubier, 1945.

Du refus à l'invocation, Paris: Gallimard, 1940.

Journal métaphysique, Paris: Gallimard, 1927.

剧 本

Cinq pièces majeures, Paris: Plon, 1974.

Le fin des temps, Réalités, 1950. Dans Le secret est dans les îles, Paris: Plon, 1967.

Un juste dans Paix sur la terre, Paris: Aubier, 1965.

L'insondable, dans Présence et immortalité, Paris: Flammarion, 1959.

La dimension Florestan: comedie en trois actes suivie d'un essai le crépuscule du sens commun, Paris: Plon, 1958.

Mon temps n'est pas le vôtre: pièce en cinq actes avec une postface de l'auteur, Paris: Plon, 1955.

Croissez et multipliez: pièce en quatre actes, Paris: Plon, 1955.

Rome n'est plus dans Rome, Paris: La Table Ronde, 1951.

Vers un autre Royaume, deux drames des années noires: L'émissaire, Le signe de lacroix, Paris: Plon, 1949.

Théâtre comique: Colombyre ou le brasier de la paix—La double expertise—Les points sur les I—Le divertissement posthume, Paris: Albin Michel, 1947.

L'Horizon: pièce en 4 actes suivie d'une postface, Paris: Aux Etudiants de France, 1945.

La Soif: pièce en trois actes, Paris: Desclée de Brouwer, 1938.

Le Fanal: pièce en un acte, Paris: Stock, 1936.

Le Dard: pièce en trois actes, Paris: Plon, 1936.

Le Chemin de crête: pièce en quatre actes, Paris: Grasset, 1936.

Le Monde cassé, Paris: Descleé de Brouwer, 1933.

Trois pieces: Le regard neuf, Le mort de demain, La chapelle ardente, Paris: Plon, 1931.

Le quatuor en fa dièse: Pièce en cinq actes, Paris: Plon, 1925.

L'Iconoclaste: pièce en quatre actes, Paris: Stock, 1923.

Le cœur des autre: trois actes, Paris: Grasset, 1921.

Le seuil invisible: La Grâce et Le Palais de sable, Paris: Grasset, 1914.

马赛尔相关著作

Plourde, S., *Gabriel Marcel, Philosophe et témoin de l'espérance*, Montréal: Université du Quebec, 1987.

Plourde, S., etc., (ed.), *Vocabulaire philosophique de Gabriel Marcel*, Montréal: Edition Bellarmine, 1985.

Schilpp, Paul Arthur, (ed.), *The Philosophy of Gabriel Marcel*, La Salle Illinois, 1984.

Spiegelberg, Herbert, *The Phenomenological Movement: A Historical Introduction*, The Hague: Martinus Nijhoff, Third revised and enlarged edition, 1980.

Colloque Centre culturel international, *Entretiens autour de Gabriel Marcel*, Neuchâtel: La Baconnière, 1976.

Devaux, A. A., Charles du Bos, "J. Maritain et G. Marcel, ou peut-on aller de Bergson â saint Thomas d'Aquin?", *Cahiers Charles du*

Bos, nº 19, 1974.

Davy, M. M., *Un philosophe itinérant: G. Marcel*, Paris: Flammarion, 1959.

Gilson, Etienne, (ed.), *Existentialisme chrétien: Gabriel Marcel*, Paris: Plon, 1947.

马赛尔著作中译

《人性尊严的存在背景》，马赛尔著，项退结编订，东大出版公司 1988 年版。

《吕格尔六访马赛尔》，吕格尔（Paul Ricœur）、马赛尔著，陆达诚译，台湾基督教文艺 2015 年版。

《是与有》，马赛尔著，陆达诚译，心灵工坊 2021 年版。

《临在与不死》，马赛尔著，陆达诚译，心灵工坊 2021 年版。

中文马赛尔相关著作

《马赛尔》，陆达诚著，东大出版公司 1992 年版。

《爱、恨与死亡》，关永中著，台湾商务印书馆 1997 年版。

《存有的光环：马赛尔思想研究》，陆达诚著，心灵工坊 2021 年版。

图书在版编目(CIP)数据

是与有：形上日记. 第 2 卷 /（法）加布里埃尔·马赛尔（Gabriel Marcel）著；陆达诚译. -- 上海：上海人民出版社，2025. --（法国哲学研究丛书）.

ISBN 978-7-208-19194-5

Ⅰ. B565.59

中国国家版本馆 CIP 数据核字第 202468PR14 号

责任编辑　毛衍沁
封面设计　人马艺术设计·储平

法国哲学研究丛书·学术译丛

是与有：形上日记（第二卷）

〔法〕加布里埃尔·马赛尔　著

陆达诚　译

出　　版	上海人 *民 出 版 社*	
	（201101　上海市闵行区号景路 159 弄 C 座）	
发　　行	上海人民出版社发行中心	
印　　刷	上海商务联西印刷有限公司	
开　　本	635×965　1/16	
印　　张	24.5	
插　　页	2	
字　　数	264,000	
版　　次	2025 年 1 月第 1 版	
印　　次	2025 年 1 月第 1 次印刷	

ISBN 978 - 7 - 208 - 19194 - 5/B·1791

定　　价　108.00 元

本书译自 Gabriel Marcel, 1st edition Aubier 1935

法国哲学研究丛书

学术文库

《笛卡尔的心物学说研究》 施 璇 著

《从结构到历史——阿兰·巴迪欧主体思想研究》 张莉莉 著

《诚言与关心自己——福柯对古代哲学的解释》 赵 灿 著

《追问幸福——卢梭人性思想研究》 吴珊珊 著

《从"解剖政治"到"生命政治"——福柯政治哲学研究》 莫伟民 著

《从涂尔干到莫斯——法国社会学派的总体主义哲学》 谢 晶 著

《走出"自我之狱"——布朗肖思想研究》 朱玲玲 著

《永恒与断裂——阿尔都塞意识形态理论研究》 王春明 著

《后人类影像——探索一种后德勒兹的电影哲学》 姜宇辉 著

学术译丛

《物体系》(修订译本) ［法]让·鲍德里亚 著 林志明 译

《福柯》(修订译本) ［法]吉尔·德勒兹 著 于奇智 译

《褶子:莱布尼茨与巴洛克风格》(修订译本) ［法]吉尔·德勒兹 著 杨 洁 译

《雅斯贝尔斯与生存哲学》 ［法]米凯尔·杜夫海纳 ［法]保罗·利科 著
邓冰艳 译

《情节与历史叙事:时间与叙事(卷一)》 ［法]保罗·利科 著 崔伟锋 译

《资本主义与精神分裂(卷2):千高原》(修订译本) ［法]吉尔·德勒兹
［法]费利克斯·加塔利 著 姜宇辉 译

《后现代道德》 ［法]让-弗朗索瓦·利奥塔 著 莫伟民 贾其臻 译

《空气与梦想:论运动想象力》 ［法]加斯东·巴什拉 著 胡可欣 译

《有限与有罪:意志哲学(卷二)》 ［法]保罗·利科 著 赖晓彪 翁绍军 译

《是与有:形上日记(第二卷)》 ［法]加布里埃尔·马赛尔著 陆达诚 译